The Peculiarity
of the English
/
Understanding
the English

文明的体验

人类学视角下的英国

〔英〕艾伦·麦克法兰 著
（Alan Macfarlane）

荀晓雅 周 钰 译

中国科学技术出版社
·北 京·

The Peculiarity of the English/Understanding the English by Alan Macfarlane

© Alan Macfarlane, 2019

First published in Great Britain in 2019 by Cam Rivers Publishing Ltd.

All rights reserved.

Simplified Chinese translation copyright © 2022 by China Science and Technology Press Co., Ltd.

北京市版权局著作权合同登记　图字：01-2021-6987。

图书在版编目（CIP）数据

文明的体验：人类学视角下的英国 /（英）艾伦·麦克法兰著；荀晓雅，周钰译. — 北京：中国科学技术出版社，2022.10（2025.6 重印）

书名原文：The Peculiarity of the English/Understanding the English

ISBN 978-7-5046-9789-9

Ⅰ . ①文… Ⅱ . ①艾… ②荀… ③周… Ⅲ . ①文化史—研究—英国 Ⅳ . ① K561.03

中国版本图书馆 CIP 数据核字（2022）第 155195 号

总 策 划	秦德继	策划编辑	申永刚　陆存月
责任编辑	申永刚	封面设计	今亮后声·郭维维
版式设计	锋尚设计	责任校对	吕传新
责任印制	李晓霖		

出　　版	中国科学技术出版社
发　　行	中国科学技术出版社有限公司
地　　址	北京市海淀区中关村南大街 16 号
邮　　编	100081
发行电话	010-62173865
传　　真	010-62173081
网　　址	http://www.cspbooks.com.cn

开　　本	880mm×1230mm　1/32
字　　数	147 千字
印　　张	8.125
版　　次	2022 年 10 月第 1 版
印　　次	2025 年 6 月第 3 次印刷
印　　刷	北京盛通印刷股份有限公司
书　　号	ISBN 978-7-5046-9789-9/K·333
定　　价	79.00 元

前　言

我如何认识英国

1947年，我的父母带着我和妹妹从印度回到了英国。那时我五岁半，也是我第一次开始接受全英文的教育。对我来说，英国的人和事既熟悉又陌生，我还需要进一步去了解。我对英国风俗文化的正式学习主要在学校里完成，特别是两个寄宿学校。八岁到十三岁期间，我在牛津郡牛津龙小学上学；十三岁到十八岁期间，我在坎布里亚郡赛德伯中学上学。十八岁到二十五岁期间，我在牛津大学完成了英国历史的本科和研究生课程。

回到英国后的二十年间，我从学习和生活中逐渐了解到英国及英国人的一些主要特点，他们的家庭制度、爱情、友情、阶级、幽默、游戏、政治、资本、个人主义、历史和文学。当我从牛津大学毕业并迈入婚姻殿堂时，我已经是一个地地道道属于"某个阶级"的英国男人了。

如果我想更好地理解我所处的社会，那么我必须将自己置身事外，做一个旁观者，为此我回到东方。为了完成我的博士论文，我在尼泊尔的喜马拉雅山区的一个偏僻村庄，和古隆人一起生活了十五个月。之后的五十年间，我回去了十九次，去拜访那些已经"接纳"了我并且教了我很多事情的人。如此一来，尼泊尔的偏僻村庄那个世界就是鲜活的，可以让我从那里客观地认识英国。

古隆人主要生活在高海拔地区，从事农牧业，他们教会了我当地人的生活方式。但是，我仍然需要了解其他部落民族的分支，了解居住在森林里的耕作者。我出生在这些民族的聚集地，因此总想多了解他们一些。1983—1991年间，我启动了一个项目来了解他们的部分历史，即从我能查到的最早有记录的时候一直到1945年这期间的历史，并通过建立一个由照片、影片、文字、DVD组成的数据库，保存以及让更多人知晓这段历史。

我很想在高原和森林部落的经历中，增加一些农耕文明的例子，因为农村是过去五千年来世界上最主要的组织形式。

在我四十九岁那年，也就是1990年，我终于有机会来到我的比较模型中最遥远、最陌生的日本，多了一面用来反观英国的镜子。在日本我了解到一种有趣的不同文明：有一半是熟悉的，如社会、政治和经济；而另一半是完全陌生的，如文化和宗教。我去过日本八次，与日本朋友一起交谈、旅游。当他们来剑桥大学拜访我和我的妻子莎拉时，我们也进行了很多交谈。此外，我教授来自日本的学生，也写了有关日本的文章和书。这些经历都让日本这第二面镜子一直浮现在我的脑海中。

但是，我还需要另一面镜子，一个地地道道的农耕文明，要在各个方面都异于我自己的文明，而且差别越大越好。在我五十四岁那年，也就是1996年，我和妻子莎拉第一次去中国旅游，我发现这里就是我要找的地方。自那之后，我们又去过中国十五次，几乎每年一次，和我的学生及朋友一起几乎走遍了这个拥有伟大的古老文明的国家各地。过去的数年间，我和中国朋友及合作伙伴一起做了很多项目，我们尝试在方方面面建立起中国和西方的交流桥梁，如音乐、诗歌、戏剧、陶瓷、绘画、文学、园林和教育等。我试图理解中华文明的基石是如何建立的，以及它与我从小就相信的一切有何不同。

我通过尼泊尔人、日本人和中国人眼中的英国来了解英国，也想通过除了英国人以外的西方人眼中的英国来了解英国。我通过研究来自其他国家和地区的游客来达到这一目的，如匈牙利、德国、荷兰、法国以及北美等。在我的几本书中，我研究了其他国家的人对英国的看法，特别是法国的孟德斯鸠、伏尔泰、托克维尔（Tocqueville）和伊波利特·丹纳（Hippolyte Taine）。

当我不断从亲历者以及旁观者的角度审视英国时，我还需要问一些关于他们生活方式的问题。因此，这些年来，我研究并出版了十几本关于英国历史和文化的书。最早的两本是在我去尼泊尔之前写的，但都是关于比较人类学的内容，即《英国都铎王朝和斯图尔特时期的巫术》（*Witchcraft in Tudor and Stuart England*）和对17世纪英国牧师日记的分析《拉尔夫·乔塞林的家庭生活》（*The Family Life of Ralph Josselin*）。

我最深入的探索并不在于写作，而是和我的妻子莎拉一起开启了一项近五百年（1380—1850年）的详细历史"重建"计划，对象是英国的一个教区，位于埃塞克斯郡的伊尔斯科恩。我们把留存下来的文件汇集起来，编辑索引，并存入计算机数据库。这个计划断断续续地持续了三十年，从1973年到2003年。它让我得以深入了解英国历史的结构，这是我无法从任何其他渠道获得的。

为了判断我们在伦敦附近的发现是否具有代表性，我们又花了几年时间在偏远的约克郡山谷进行了类似的研究，这些文献的性质及内容被都记录在《重建历史社区》（*Reconstructing Historical Communities*）和《英国历史记录指南》(*A Guide to English Historical Records*) 这两本书中。

　　尼泊尔的经历，加上对人类学相关内容的阅读和人类学教学，同时还有原始文献带来的冲击，让我在《英国个人主义的起源》(*The Origins of English Individualism*) 一书中推翻了一些传统的英国历史观，聚焦法律、财产和家庭。随后，我基于约克郡山谷的研究对法律和暴力的分析延续了这一观点，写出了《正义与梅尔的麦芽酒》(*Justice and the Mare's Ale*) 一书。1981年后，我在《英格兰的婚姻与爱情，1300—1800年》(*Marriage and Love in England，1300— 1800*) 中发表了关于英国家庭生活的长篇研究的结论，并且在《资本主义的文化》(*The Culture of Capitalism*) 杂志上发表了一系列关于英国方方面面的论文。

　　我对英国特殊的兴趣将我引入另外两个研究方向。一个是分析一千多年来英国和日本在人口结构和物质生活方面的异同，从疾病到厕所、食物以及家庭计划。这些研究发现被记录在《野蛮的和平战争：英国，日本和马尔萨斯陷阱》(*The Savage Wars of Peace: England, Japan and the Malthusian Trap*)。另一个是分析那些曾经反思过现代世界起源的伟大的比较哲学家和社会学家，他们认为英国在现代世界起源中扮演了重要的角色。我在《现代世界之谜》(*The Riddle of the Modern World*) 和《现代世界起源》(*The Making of the*

Modern World)两本书中分析研究了其中的五位，分别是孟德斯鸠、亚当·斯密（Adam Smith）、托克维尔、福泽谕吉和梅特兰（F. W. Maitland）。

我决定将自己从研究中了解到的东西进行总结，特别是英语世界的这部分内容。我将这些内容写成了给我（继）孙女的一本书《给莉莉的信：关于世界之道》（*Letters to Lily: On How the World Works*）。当我快要结束在剑桥大学长达三十五年的教学生涯时，我写了《剑桥反思》（*Reflections on Cambridge*），这是我在一所典型英国高等学府里持续最长的田野调查，在这里我既是参与者也是观察者。

清华大学是中国顶尖的大学，在其成立100周年的时候，我被邀请做了一系列讲座，这些讲座内容集结成《现代世界的诞生》（*The Invention of the Modern World*）一书。因此，我对了解和解释英国的兴趣进一步加深。后来我决定将我一生中的四次探索写成一本书，如此我就可以比较它们各自文明的一些基本特征，这本书就是《文明的比较》（*China, Japan, Europe and the Anglo-Sphere-A Comparative Analysis*）。

最后一项重要的贡献是我对自己的生活非常详细的自传体式的研究。之所以我能做到这点，是因为我手机里保存了人生各个阶段的大量文件和信件。目前为止，我已经完成了前八卷，涵盖了我从出生到三十岁之间的教育内容，大概有

3 500页。我可以通过这些当时的文件来准确地了解我是如何被教育成一个"英国人"的，这一点显然没法通过回忆的方式做到。我可以把这项自传体式的研究与许多英格兰人、苏格兰人写的经典自传进行对比，也可以将我自己与那些试图通过回溯自己的生活来理解自己身份认同的作家进行对比。

关于上篇

本书上篇是我对自己身份以及和我同时代人身份探索的延续，在写作过程中，英国经历了脱欧，关于脱欧的混乱的辩论使本书讨论的问题变得更加尖锐。上篇也是写给英国以外的读者的，他们常常对自己的发现感到困惑，但知道这个奇怪的岛屿上的国家影响了世界文明。

上篇涵盖了一个文明近一千五百年的历史，但我尽可能使它简短并且通俗易懂。它是鼓励思考和进一步探索的一次尝试。

为了达到简明的目的，我省略了很多重要的话题。例如，上篇几乎没有任何关于人口模式，科学技术，物质生活（食物、衣服、住房、疾病）和其他思维方式的内容。我也没有试图用引文、交叉引用、统计数据或其他事实来支持我的论点，当然在《独一无二的英国》和《英国路》章节中可能会有一些。

读者如果想要一份关于上述话题更详细的介绍，那么可以在《现代世界的诞生》中找到。读者如果想要了解更具体的方面，从"业余爱好""脱欧""俱乐部"到"乌托邦""暴力"和"天气"，那么将会在本书下篇发现几十个这类话题的简短介绍。

我希望你能喜欢本书上篇，它能激发你去学习新事物，我也希望你来质疑我所写的内容。争论和"拒绝暗示"（反驳和提问）是英国文化的核心特质，所以如果你这样做了，那么你可能也变得有点"英国化"。

在这样的场合，我经常喜欢引用我从我的老师休·特雷弗-罗珀（Hugh Trevor-Roper）那里学到的一句话"一个新奇的错误抵得上一百条陈腐的真理"，又或者像爱因斯坦说的"如果一个想法在一开始不是荒谬的，那它就是没有希望的"。确实如此，事实上，之前提到的所有书背后都践行着爱因斯坦的另一句话"任何事情都应该力求简洁，但不能过于简单"。

关于下篇

就"英国人"这个身份而言，我既属于"我们"，也属于"他们"。我在英格兰的土地上称呼"我们"，因为我有英格兰血统，我从五岁半起的大多数时间里生活在英格兰，并且在家庭和学校里都被教育成一个"英国人"。

但除了英格兰血统，我还有苏格兰血统，以及一点威尔士血统；我在印度出生并生活到五岁半；我一生中的许多时间是作为一名人类学家，在尼泊尔、日本和中国工作并讲授世界各地的文明。

我最近才意识到，从1947年那个自印度踏上这片土地的孩子到今天的耄耋老人，我已经用了七十几年的时间，以求了解与我自己相关的文明——英国。在作为一名历史学家和人类学家的大部分职业生涯里，我都在思考生活在这片群岛上的人究竟是"谁"。我在世界各地讲课时，也常常和学生、朋友讨论起这个话题。

现在是时候把这些零零散散的认识整理成书，我希望本书无论是对我们英国人自己还是那些来到或旁观这个国家的人，即"我们"抑或是"他们"，都能有所裨益。本书下篇将帮助读者了解这个古老而复杂的文明是如何将许多其核心特征，如工业化、资本主义、语言、体育等传播（也曾借由武力）到世界各地的。

由于矛盾和费解的事实在太多，我决定尝试从一个新的角度来完成本书下篇——将"英国人"这一概念看作一幅拼图、一面玻璃花窗或是马赛克地板。我选取了一些我困惑或感兴趣的英国特征，尽可能简短地加以阐释，必要时附上特征的成因。当然，身边的朋友也向我提供了其他不少有趣的话题，而一本书的篇幅毕竟有限，我只好忍痛放弃了。

现在有关英国人的书不乏其例，但几乎都在老生常谈——排队、板球、酒馆、宠物等，没有解释是什么形成了这些特点。我们如果不明白英国人排队、彼此信任以及爱护宠物的原因，就很难理解英国文化模式中的内在联系或实际遇到的情况。

诚然，每个英国人都是不同的个体。作为一个年过八十受过高等教育的中产阶级特权阶层白人男性，且近年来游历世界各地的学者，我看待英国的方式也是与他人不同的。我仍希望自己从内而外对英国文化的双重观察能够给本书下篇的阐释一定的普遍性。

下篇同样在描绘一个飞速变化的世界，其中折射出的一部分特征正在快速消失。当我还是个从印度回来的小男孩时所认识的1947年的英国，与今日的英国相比已天差地别。作为人类学家，我注定要用现在时态书写这个正在变化的世界，那些变化在落笔时就已经发生。因此下篇既是一部有关英国生活的最新指南，也是我为挽救人类学做的一点工作。

最后，我要感谢法比安·邦尼特（Fabienne Bonnet）。法比安·邦尼特曾任剑桥大学霍默顿学院牧师和国王学院讲师，她从一位在英国生活了四十五年的法国观察者的角度，为本书下篇校对文稿并提出了宝贵意见。

目　录

上篇

下篇

上 篇

独一无二的英国

所有试图定义"国民性"的尝试都注定要失败。无论何时我们试图描述任何国家或民族，我们很快就会发现，它会随着时间的推移而变化，因阶级和地区的不同而不一致，人们的性格与特征也会随之变化。

如果这是一种普遍存在的困难，那么定义英国的特质是一个例外。正如戴维·休谟（David Hume）观察到的那样，关于英国人的民族认同感最有力的一点就是英国人没有特别的认同感。"我们常常会说这个国家的人们举止和性格完美融合，说着同样的语言，受同一个政府的管辖"，但结果就是"英国人恰恰是世界上最不具民族性的，除非这个奇怪的点可能看起来一直就是这样"。赫胥黎说得对，"去问英国人什么是英国人啊"，那么你将会得到一些不同的答案……英国有多少人，就有多少不同的英国人，你无法用一页纸、一个章节或者十几卷书来描述它。

　　这种多样性和矛盾性并不是由客观物理因素造成的。如果要说客观物理因素，我倾向于怀疑它们在这方面的作用，我也不认为人们的秉性与空气、食物或气候有关。休谟认为，这是因为混合的政治制度——君主制、贵族制和民主结合在一起——还有混杂的宗教。"所有的宗教派别都可以在这里找到"，也因此"每个人都享有足够的自由与独立，使他能够展示自己独一无二的特质"。

　　在这般混乱的情况下，我所能做的就是跟随一些外部的观察者，来抓住一些趋势和特征。这些特质尽管不尽相同，在过去的几个世纪里也并不一致，但似乎能体现出这些奇怪岛民的精髓。用他们中最伟大的作家之一丹尼尔·笛福（Daniel Defoe）的话来说就是：

　　　　……真正的英国人就是个矛盾体！
　　　　演讲里，是个讽刺！现实里，就是部小说！

****

　　为了更形象地描绘这些矛盾，我将引用其他观察者描述出来的画面。第一幅画面来自法国人塞萨尔·德·索绪尔（César de Saussure），他在18世纪时写道："据说英国人很骄傲，这也许是真的，但总的来说，与其说他们骄傲，不如说他们冷漠而保守。他们天生沉默寡言，尤其是与法国人相比。"他接着写道："二十个男人坐在酒馆里看报抽烟，他们却很少交谈，以至于你都能听到苍蝇的嗡嗡声。他们的谈话被长时间的沉默拆得七零八落，一句孤零零的'你好吗？'让你明白他们意识到你在那儿，但是他们却没有更多的话要和你说。"而说到英国女人的特点，他写道："我现在必须告诉你我对英国女人性格的体会。我发现她们温文尔雅、坦率、天真无邪，并且她们从不试图掩饰自己的感受与激情。"

一个世纪后，苏格兰人休·米勒（Hugh Miller）造访了英格兰并且描述了他的第一印象。"英格兰人的家就好像是城堡，田地和房屋的排布展示了英格兰人的疏离与个人主义。"他还写道："苏格兰人和英格兰人完全不同，我们更像是一堆聚集的粒子，而不是一个个分离的粒子。"英格兰人没有邻居以及其分散性让他感到震惊，"邻居与邻居之间似乎知之甚少"，而和苏格兰人比起来，最让他吃惊的是英格兰人的个人主义，"作为一个个体，英格兰人显得更加独立……英格兰人在这方面有点像处于引力范围外的物质粒子，但是却处于排斥力的圈子里。这群人就像毫不相关的成员一样存在，好像松散的沙粒堆在一起，而不是一个整体。"

大约在同一时间，法国作家古斯塔夫·艾西塔尔

（Gustave D'Eichtal）也留意到了这种不同。他认为苏格兰人"一点不古板，也不一本正经和挑剔，和他们的邻居（指英格兰人）完全不一样。他们的邻居常常因为缺乏自由和随和而显得乏味。"不久之后，伊波利特·丹纳也发现了同样的事，他观察到"有些受过教育的男人，甚至是博学的男人，他们去过很多地方旅行，会多国语言，却仍在与人相处时感到不自在"，虽然"这种尴尬和羞愧完全是身体上的，对日耳曼人来说是正常的"，他也指出了英格兰人的特点，"保守，谨慎以及寡言少语。英格兰人最特别的特征就是完全的自我控制，不断保持冷静，在逆境中坚忍不拔、思想严肃、举止得体，避免任何的感情外露或炫耀……"

20世纪中叶，定居英国的德国艺术史学家尼古拉斯·佩夫斯纳（Nikolaus Pevsner）又举了一个例子，说明英国绘画界的沉默和低调。"因此，英国的肖像画也在很长一段时间内保持沉默，而当它说话时，声音也很低……或者，换一种说法，就是英国的肖像画隐藏的东西远比它揭示的东西要多，即使是它揭示的东西，也是以一种仔细推敲过的轻描淡写的方式。这些人用'埋藏在看似漠不关心的平静之下，真正的依恋'完美诠释了简·奥斯汀（Jane Austen）在《爱玛》（Emma）里提到的'真正的英国风格'。"

不知何故，这种独一无二的英国特色并没有被带到美国。这一点似乎可以用英国人自己的阶级和俱乐部体系来解释。19世纪后期，美国作家拉尔夫·瓦尔多·爱默生（Ralph Waldo Emerson）指出，"一位约克郡的磨坊主告诉我说，在伦敦到利兹的头等车厢里，他不止一次地遇到同一个人，却从未交谈过。"或者说，"简而言之，这个岛国里的每一个人都是一座孤岛，安全、宁静、难以沟通。和陌生人在一起时，你甚至会以为他聋了，他的眼睛从不离开他的桌子和报纸。"他们很有活力，但"这种活力又伴随着冷漠，每个人都是这样。所有的人都散步、吃饭、喝酒、穿衣、打手势。每个人都各行其是，不管是行事还是受苦都和旁人无关，沉浸在自己的世界里，时刻小心不要干涉别人或是惹怒别人。"总的来说，在这个岛上"冷冰冰的、压抑的方式占了上风，除了在歌剧院里，任何热情都是不被允许的。他们避开一切注视，追求在房间里不引起注意的存在方式。"

作为一个在20世纪下半叶成长起来的人，我在英国的中小学和大学里都注意到中产阶级明显的特征，但这些特征近年来正在逐渐消失。我的祖父和叔叔们在取得高度的成就之后还保留强烈的保守和害羞。这一点在许多英国人的自传中让我印象深刻。19世纪的哲学家约翰·穆勒（John Mill）曾这样评价一个人："我相信他习惯性表达出来的情感只是很少的一部分，也只开发了他情感能力的一小部分。他和大多数英国人一样，羞于表达感情。由于缺乏示范，感情自己慢慢枯萎了。"他还说，"事实上，英国人的性格和社交环境，使得人们很少从同情别人中获得幸福，因此，也就不奇怪这些事在英国人的生活里算不上什么了。"

正如一位意大利游客不解地指出：英国人的矜持甚至表现在手势上——或者说英国人就很少打手势。"为什么英国人很少打手势？他们的胳膊仿佛被胶水粘在了身体两侧！我认为，这和房间太小了是一个道理，不可能在不打坏东西或者是不碰到别人的情况下挥舞手臂。"虽然欧洲南部的人，甚至是法国人都经常打手势，在语言交谈中尽可能多地用他们的手和面部表情，但是英国人通常非常被动，表情僵硬，难以理解。

保守、疏离、谦虚显然和关于忠诚的争论是相关的——当一个人被经济、宗教、亲缘关系和政治纽带等牵制时，他必须步步谨慎，才能避免成为任何一种关系的奴隶。因此，英国人能够放松的时刻，就是那些运动、爱好、音乐，或是任何能让人从努力中获得激励的事情突然确定的时刻，此时他们在一起做一件事情并且有东西可以分享。我在学校生活和我的整个人生中都发现了这一点——当参加某种"游戏"的时候，一个人才能和他人自在地相处。若不是如此，一个人能激情澎湃地谈论什么呢？

这种自我矛盾的心理也被爱默生准确地抓住了。"社会的规范和准则都是人造的——被塑造的人遵守着人造的规矩——因此一切都伯明翰化了，同时我们国家的存在是一项艺术的成果，一个苦寒、贫瘠，几乎像北极的地方，却孕育出了地球上富饶、奢华的帝国。"他写道："……这里有世界上最好的资本，既有深度，又有广度，兼容并包，也有公平。这里的人们虽然保守但却沉稳，各不相同，情感丰富，对文化有着强烈的本能。""他们是积极的、有条理的、爱干净的，以及非常正式化的；喜欢一成不变的常规和传统的方式；热爱真理和宗教。但是，说真的，这些都包裹在无情的外衣下面。"

爱默生还指出他们（英格兰人）是个人主义的并且非常注重隐私。"他们的贸易和帝国行为都是为了保证他们家园的独立和隐私。""英格兰人重视个人，这是社会方方面面的结果。社会鼓励每个人成为他自己，也保护他一时冲动下的纵容。"另一个原因则是"这些注重隐私的、保守的、沉默的英国人，可以用其所有的热情来表决采纳一项公共事务，这种力量造就了他们的浪漫英雄。"

英国人还有一些其他特点。其中之一是自信和傲慢，认为他们的民族是世界上最好的民族，因此他们的一切都是正常的，而其他人都很怪异。索绪尔评价道："我觉得世界上没有任何一个国家的人会比英国人更偏袒自己，并且他们允许这种偏见出现在他们的谈吐和举止中。他们看待外国人的时候普遍带着鄙视，并且认为没有什么事能在其他地方比在英国做得更好。诚然，许多事情都有助于他们保持这种自我良好的感觉，他们对国家的热爱，国家的财富、富足和自由，以及他们所享受的舒适。"或者像托克维尔在19世纪早期发现的那样（他娶了一位英国妻子），"英国比其他任何现代国家都缺少同情心，并且它从不关心外国人发生了什么，他们的所思、所感、所作以及所苦英国人都不关心。英国人只关心如何利用这些行为、痛苦、感情和思想。当它貌似最关心他人的时候，它其实只关心自己。"

自信可能会带来烦恼，但它也有积极的影响。正如塞缪尔·莱因（Samuel Laing）与托克维尔在同一时期观察到的那样："自尊、个人价值观、人与人之间对公平交易和彼此正直的信任，这既是社会良好道德的因，也是果，也是适应独立行动的必备社会品格，这些构成了公民自由与宪政的基础。"爱默生还指出："英国人代表自由。保守、爱钱的英国人更爱自由。他们比其他人有更多的个人力量，因此自由是安全的。"

孟德斯鸠男爵在18世纪上半叶将个人主义与自由联系起来："每个人都是独立的""这个国家对自由充满热情"。

18世纪晚期的德国诗人、哲学家诺瓦利斯（Novalis）则说：
"每个英国人都是一座孤岛。"孤岛上的鲁滨逊因此成了英国
国民模范也就不足为奇了。"马克思注意到，鲁滨逊是经济
学家最喜欢的人物，但是他更多地出现在哲学家的脑海里，
即使他们不经常提到他的名字。"

正是这种好斗、自信、独立的性格，造就了英国在19
世纪的成功。托克维尔写道："看到英国人就知道，他们相
信来自法律的支持，依赖自己，不知道除了自己能力的限
制外还能有什么障碍，行动起来毫无阻碍；看到英国人就
看到他被那种自己可以做任何事的精神而鼓舞，不安于现
状，总是在寻找最好的东西。看到他这样，我不急于打听
大自然是否为他挖了港口，给了他煤和钢铁，其商业繁荣
的原因根本不在于此，而是他自己。"这一点爱默生也有
同感："你不能用英国人的宗教、商业、宪章、法律、议会
或者语言来解释他们的成功，而应该用英国人那种不服输
的、尖锐的天性来解释，这种天性不可阻挡，使一切都成
为他们的助力。"

这种独立伴随着对古怪的热爱。"他们竟然对我出格的
古怪行为感激不尽，英国人总是被古怪的行为吸引。"他们
总是不拘小节，这有时候会让人觉得他们不礼貌。"在任何
一个正常的社会里都不可能比在英国更随意。礼节不算什

么，大多数时候人们并不注意它。因此，以法国人的标准来看，英国人似乎不知道什么是举止合理……一些英国女性低声哼唱，吹口哨，坐在一张大扶手椅上，却把脚放在另一张椅子上。她们也可以坐在房间里的任何一张桌子上，自由自在。可能其中有一千种行为在法国是不可思议的，但在英国做出来却十分自然。"

第二次世界大战期间，托马斯·伯克（Thomas Burke）从客栈和酒吧的命名中也发现了英国人这种古怪的特质。"这些名字让他们自己沉浸在当时的真实情绪和情感中，如谁会想到呢、格伦蒂夫人的怀抱、老朋友、磁铁和露珠、达比和琼、富饶之角、面包师和篮子、灿烂的太阳、租房日、凡人、欢乐五月、贝尔和龙、无用之功、醉酒的哲学家、好心、舒适城堡、猫和羊肉，颠倒世界。"

****

这些矛盾可能导致言行完全脱节，以至于看起来有点虚伪。"在我看来，英国人和我们有很大的不同，甚至是和其他国家的人都不相同，以至于他们自己几乎形成了一个完全不同类型的'人'。他们的言行之间几乎没有任何联系。"随之而来的排外性，既有好的一面也有坏的一面。"坦白说，英国人既不是传教士也不是征服者，喜欢乡村不喜欢城市，喜欢家乡不喜欢国外。如果他周围只有本地人，并且一直只有本地人，陌生人都与他保持一个舒适的距离，那么他会很高兴也很放松。"

这种特质似乎也可以和某种持续的孩子气，拒绝圆滑与拒绝长大联系在一起。"但如果你更了解他们一些，他们其实是非常善良和温柔的；他们从不多说话因为他们从不谈论自己。他们像孩子一样自得其乐，但表情极其庄重、严肃；他们有很多根深蒂固的礼仪，但同时他们也自由随和。他们像火石一样坚硬，不随波逐流，保守、忠诚，有些浅薄并且总是不善于沟通；他们不愿意脱离自己的保护壳，但这是一种坚固的，从各方面来说都极好的保护壳。"

事实上，过去两个世纪的时间里，世界上一些广为流传的儿童文学作品出自英国作家之手，从《爱丽丝梦游仙境》（*Alice in Wonderland*）、《小熊维尼》（*Winnie the Pooh*）到《指环王》（*Lord of the Rings*）、《哈利·波特》（*Harry Potter*）。"拒绝长大是20世纪英国民间传说的一个基本特征，未来的科学家如果想要尝试寻找彼得·潘神话的原型，就将会发现这是这个岛所特有的。每一个大陆的拇指汤姆都是某种侏儒，保持着孩子的身型却有大人的智慧。但彼得·潘既不是怪物，也不是早熟的小鬼，他是每个英国人怀中抱着的永恒的宝贝。"这甚至可以联系到英国人对游戏的热爱；"运动让孩子成长为成人，也让成人更长久地保持童心。"

****

正如我开头提到的，每一种特性都有其对立面。索绪尔注意到了这种对立面之间并行不悖的特征。"我注意到这个国家的激情是极其强烈和暴力的；他们不能接受失败，我觉得习俗和榜样对他们是极大的激励。"排外和自尊同时伴随着焦虑和不安，正如卡尔·沃纳（Karl Werner）所说，如果我们要找寻现代资本主义的精髓，我们可以选择一个词"'unruhn'，意思是永无止境的运动，但也有焦虑，不安——像是英语动荡（unrest）和焦躁不安（restlessness）……"他们似乎总是很忙——除非他们一动不动地盯着鱼漂或板球。

最好的情况是像威廉·科贝特（William Cobbett）在19世纪早期描述的那样，英国人"从不屈服，总是彬彬有礼。这是生活在有能力者居之社会中自由人的必备特质。他们不嫉妒他人，不抱怨他人，待人幽默和善。"有些人甚至觉得他们展示在阳光下的那一面稳重、正直、通情达理而善良。"他的冒险都是外在的，人们很难改变他，他也不惧怕人们。无论他走到哪里，心里都装着英国天气，那是沙漠里的一片绿洲，是疯狂人类中的稳重而理智的那群人。"

也有人觉得他们古怪、难以捉摸——尤其是他们的幽默。"我亲爱的母亲，你完全可以相信这些人有另一种思维方式，另一种品位，以及与众不同的想法和感受。最让他们感到高兴的是他们所说的'幽默'，这不一定代表诙谐，而是一种另类的看待事物的方式，更多的来自古怪的个性而不是聪明的头脑。"

他们当然是一个混合体。"我对英国人的看法是你会在他们中发现明智、体贴、值得信赖和高尚的人；但是，也不乏异想天开、粗暴、任性、多变的人，可能今天还沉迷于一件事，第二天就将其抛之脑后。"他们经常对性感到拘谨和羞愧。"在伦敦动物园，曾经有一位女士问过河马的饲养员这样的问题：'告诉我，那只河马是雄的还是雌的？'饲养员吃惊地看着她，回答道：'夫人，那是只有另一只河马会感兴趣的问题。"同时他们也有放荡的一面，正如托马斯·罗兰德森（Thomas Rowlandson）的漫画或是罗切斯特（Rochester）的诗歌一样。

他们可以很认真，但也乐于妥协。谈到辉格党（Whig Party）的兴起，历史学家阿克顿勋爵（Lord Acton）在19世纪末提到"新党的本质是妥协。他们发现将某项原则坚持到底，做事不留余地，只看事情的一面，重原则而不重现实，忽视现实的情况等都是错误的。"没有什么值得为之杀戮，最严重的罪行不是道德或政治上的，而是与礼仪有关，就像公立学校的校训——"观其行而知其人"。"在一个人可能违反的英国礼仪中，以下三项是最严重的：将刀（而不是叉子）放进嘴里；用手拿起糖或芦笋；最严重的是在屋子里随地吐痰……"

他们狭隘，却很专注。"如果你说英国人性格简单，那是没错的。他们的看法公正，有点狭隘，但很清楚：他们只看到他们愿意看到的，一次只能做好一件事。"带着大手表的白色兔子是他们的英雄之一，急急忙忙赶着去看"公爵夫人，公爵夫人"。"英国人不贪钱，对时间却是贪得无厌。英国人的守时性真是棒极了，他们拿出手表，和朋友的手表进行校对，地点和时间都很准确。"英国人真是对时间既尊重又痴迷的奇怪结合体。

****

英国人似乎是矛盾性格的混乱结合体。当托克维尔到曼彻斯特时，他发现"这里的人类文明得到了充分发展，但也最野蛮；这里的文明创造了奇迹，但文明人却也和野蛮人差不多"。爱默生写道："英国的混杂特征泄露了其混合的起源。英国的一切都是遥远和对立因素的融合。语言是混杂的；一个人的名字来自不同的国家，三种语言，三到四个民族；思想的潮流是相反的……他继续提到培根曾说过'罗马是一个不受悖论支配的国家。'但英国是建立在矛盾和对立之上的，其伟大的根源是翻滚的热浪。并且，从头到尾，这是一个有着异常现象的博物馆。"英国特质是冲突和妥协的结果，英国人是"现实与幻想，民主与特权，狡黠与正派混合的象征，他们通过一种微妙的妥协来保持自己的国家是自己熟悉的形态"。

许多作家都曾指出过现代世界的矛盾本质。法国人类学家布鲁诺·拉图尔（Bruno Latour）数年前在他的著作《我们从未现代过》（We Have Never Been Modern）中指出，现代性必须人为地分割现实的统一性，但这并没有消除紧张对立的局势，反而创造了更多被他称为混合体的东西。用玛丽·道格拉斯（Mary Douglas）的话来说，我们只是把泥土、模糊的边界，推到地毯下或角落里，但它仍然存在。

托克维尔再次强调了英国法律和官僚体系的混乱和矛盾。这里乱七八糟，一个大厅都是镜子，可怕的"无原则"，但是最终，比起法国的绝对明确，托克维尔更喜欢这里。在《哥特狐狸的新世界》（The New World of The Gothic Fox）一书中，在澳大利亚工作的智利社会学家克劳迪奥·维利兹（Claudio Véliz）指出了美学上同样存在混乱。在约翰·罗斯金（John Ruskin）的《威尼斯的石头》（Stones of Venice）基础上，他指出了哥特世界的杂乱、反复无常，以及缺少纯粹。英国的城市和街道都是杂乱的——如鲁伯特·布鲁克（Rupert Brooke）所说是"甜美无序的英国玫瑰"

（sweet disordered English rose）。也如G. K. 切斯特顿（G. K. Chesterton）调侃的那样，"在罗马人来到拉伊小镇（Rye）甚至是跨过塞文河（Severn）之前，摇摇晃晃的英国醉汉已经建好弯弯曲曲的英国大道了。"

法律作家赫伯特（A. P. Herbert）在其书《不寻常法》（*Uncommon Law*）中指出，这种矛盾、混乱和原则的交叉也出现在英国的法律中。蜗牛是野生的还是驯养的？被洪水淹没的小径算是道路还是河流？女性是否可以被理性男士来评判？

这些前后矛盾的原因显而易见。如果有一个决定性的基础在，那么一切都会按它来。就像是部落社会里血缘关系支撑一切，或者是美国极端新自由主义思潮下的市场决定论，任何时期都可以从中找到答案。一致性是因为有统一的基础，或者是共同的底线。

现代世界的本质就是没有明确的基石。如果一切分崩离析，中心就站不住脚了。虽然无政府状态不会在世界范围内蔓延，但是混乱和无序还是会存在。总而言之，与我们生活息息相关的四个方面总是不断地产生新的对立——政治、宗教、经济和社会。只有永恒的斗争，没有局部的胜利。

在这种情况下，成年人不得不生活在一个时刻妥协的世界里，一个"最好的情况是好的反面"的世界，一个爱因斯坦的相对世界，在那里所有原则都会被其他力所扭曲。这是一个狄拉克（Dirac）或薛定谔（Schrödinger）的世界，在这里一只猫可能既是死的也是活的。这是一个被牛津大学数学家、童话作家刘易斯·卡罗尔（Lewis Carroll）完美捕捉到的世界，在这里他带着一个天真无邪的孩子，探过兔子洞，穿过镜子，进入魔法世界。

因此，人们所要做的就是在这些矛盾中解脱，找寻连贯的绿洲以及创造意义和价值，打造"理智"的圆舞场。有时，这是拉图尔所描写的混合物；有时，它隐藏在幽默、讽刺、荒谬的外衣之下——《傻瓜秀》（*The Goon Show*）、《格列佛游记》（*Gulliver's Travels*），以及奥斯卡·王尔德（Oscar Wilde）、萧伯纳（Bernard Shaw）、莎士比亚等。

又或者退居到有界线的领域——爱情，自然，游戏，儿童故事和其他有着自我运行规则的平行世界。在这些平行世界里，怀疑被暂时中止了。浪漫主义和拉斐尔前派运动是这一切的绝佳示例——威廉·华兹华斯（William Wordsworth），约翰·济慈（John Keats）和塞缪尔·泰勒·柯勒律治（Samuel Taylor Coleridge）是其中的伟大先驱者，后继者有阿尔弗雷德·丁尼生（Alfredlord Tennyson）和马修·阿诺德（Matthew Arnold）。这不是逃避，而是让不断怀疑和时刻冲突的头脑得到休息的必要手段。当然，不仅是英国人这样做，法国作家安托万·德·圣埃克苏佩里（Antoine de Saint-Exupéry）也在他的书《飞往阿拉斯的航班》（*Flight to Arras*）和《小王子》（*Le Petit Prince*）中展示了相同的特质。

所有这些由现代性及其紧张局势催生的应对方式都是重要的。"现代性"（modernity）被发明后的生活是一个无休止的矛盾调和，日本人会用"不仅、而且"来形容它。这也存在于过去一千年间英国伟大的传统诗歌、小说和戏剧中。

几乎所有的以前的社会里，人都生活在一个"嵌入式"的世界里，在那里事情都向着一个方向流动——经济、血缘、宗教和政治。因此，流动是迅捷的、确定的、可以被描述的。文化是有"模式"的，有中心思想，我们一旦发现了它，就可以在其引导下畅游某个文明或社会。

现代性则是完全不一样的。为了帮助我们理解矛盾的力量，托克维尔把它比喻成急流中的漩涡，相反的水流在那里相遇、周旋。"如果我们仔细审视在美国发生的一切，那么会迅速发现两种相悖的趋势，它们就像是一条河流里流向相反的两股水流。"有时，他甚至使用了超过两条相悖的水流。例如，他谈道："……美国人为各个州和中央政府的权利而斗争，在独立精神、民主和等级制度之间斗争。"英国也是这样。

永不停歇、快速流动的"瀑布"给他留下了深刻的印象。"在我看来焦躁不安的性格是这个民族最显著的特征。美国人被发财的渴望吞噬了，这是他们生命中独有的激情，他们对一个地方的依恋并不会比另一个地方更多，没有根深蒂固的习惯，没有常规的传统，只是每天见证着财富的变化。"他继续评论道，"美国人常常在一个地方出生，置身于不断变化的画面中，被不可抗拒的洪流所驱使。没有时间和任何事情建立联系，他们只是习惯改变，并且认为这就是人类的天性。"尽管托克维尔看到了这种趋势在美国的极端状态，他一直认为这种趋势的内在逻辑来自英国。其结果是现代资本主义中心思想的一个悖论，即欲望总是大于成就。

****

诚然，我觉得在我十二年的寄宿学校和大学生活里，"学着当个英国人"并不是件易事。就像英语这门语言一样，只能通过示例来学习，然后痛苦地习得其内在的"惯用方式"以及一系列约定俗成却未曾言明的规则。几乎没有人能解释清楚你该如何做，就像乔治·米卡斯（George Mikas）的书名所说，如何成为英国人。一堂人类学的课程或许有帮助，但没有人谈论这个话题。学习这些就像是学打板球、跳舞或骑自行车，你只能在练习中习得技能。就像在成为乐器演奏大师的道路上，你只能不断地练习来感知所有的技巧。直到你不再需要想着这些技巧，琴弦带着你起舞而不是你去拉琴弦。

其中有一些基本的原则，但是更多的是一种风格，一种态度，一系列内化的、本能的规则。就像是骑自行车一样，摔下来，弄伤自己是必经的过程。突然有一天，你就学会了。

英国的身份认同，就像他们的法律，是一个"混血儿"。将一系列妥协后的品质糅合在一起。充满了怀疑也充满了确定性，每个人都是既理性又富有激情的个体。粗枝大叶又自私，细心又体贴——这些都是我母亲对我童年时期性格的描述。那时的我并不完美，分裂且矛盾，但正被训练成一个自信的人。

不然还能怎样呢？"如果我们想要追寻的是确定无疑的答案，想让一切都铁板钉钉，那么毫无疑问，往往只能得到迂腐过时、毫无用处的结果"，这是我大学时期很喜欢的梅雷迪思（Meredith）写的一句话。正如济慈的诗里所说的那样，"最好的人从不确信什么，最坏的人总是确信无疑"。我们总是想成为最好的人。

我们是愤世嫉俗的，正如丘吉尔所说，"民主是所有政治体系里最不糟糕的，然而其他的更糟糕"。我们也是虚伪的，相信平等，却在奴隶贸易中扮演了重要的角色。我们是虔诚的，但并不真正相信任何事情。我们持怀疑态度，也很现实，但觉得某些人还是可以相信的。我们对人类的天性不太抱有希望，因为它本质上是罪恶的、暴力的，需要遏制。我们总是对言行之间的差异持怀疑态度，也对"普遍的好"持保留意见。但同时我们是理想主义者，就像是长大了的孩子，仍旧充满善意的目的和希望。也许有人会说"人类是如此的动物化"。

毫无疑问，英国人就是这样一群奇奇怪怪的人，从小小的英伦半岛影响了现代世界——有好的一面，也有坏的一面。

法律

　　每个文明往往都有一个中心机制，然后影响了剩下的一切。这个中心机制在美国是经济；在印度是种姓；在中国，从古至今，一直是家庭；在欧洲则是宗教。对于英国来说则没有这样的机制。英国拥有的是一个管理各个机制之间边界的系统，就像是处理冲突和违反规则的裁判员和仲裁员一样。这个系统同时也制定规则，这个系统就是法律体系，包括刑事和民事。

　　在全世界的法律体系中，英国的普通法（Common Law）和衡平法（Equity）在许多方面有其独特性。首先，它非常古老：其本质与13世纪时的相差不大，那时的安茹国王加强调整了古老的盎格鲁–撒克逊法律并沿用至今。法律不断发展，其基本原则却很统一。英国的法律有如下特征：

　　所有人的权利都是与生俱来的，即生命权、自由权和追求幸福的权利。这适用于不同年龄、性别和种族的人。

法律面前人人平等，不论其地位如何，即使是政治领袖也不能例外。

每个人都受法律的管制，服从法治，从国王到律师皆是如此。

每个人都应当受到公平的法律审判。任何人不得在法律程序之外被拘禁或虐待。

在犯罪嫌疑人被法官判刑之前，由其同胞公民组成的陪审团必须先宣判他有罪或无罪。在此之前，任何人都不能被监禁或受到严重惩罚。

除非是在非常特殊的情况下（例如巨大的国家需求），每个人的财产，无论是个人财产还是其他财产，都有绝对的、不可被侵犯的权利。

每个人都必须履行法律义务，包括陪审团服务，举报犯罪，为他人作证（除了他们的丈夫或妻子）。

英国各地的法律都是统一的，只有一些根据当地习俗做出的小调整。

法律条文主要依据过去被认为是正确的（先例），而不是基于成文的规则或议会章程。

大多数执法工作应该由普通公民来完成，并且是以一种无偿的业余治安官或志愿警察的形式，而不是由专业人员来完成。

　　警察应该与社区融为一体，既保持独立，又与其通力合作。警察不应该配备武装（或者佩带短棍、骑马，除非在某些情况下）。警察应该与人民站在一处，而不是国家的代理人。

　　正如法律书、职业培训和庭审所体现的那样，财产法的地位不容小觑，大概占了所有法律程序的四分之三。

　　围绕财产的法律概念非常复杂、微妙，有很多余地，也结合了很多要素，比如结合了活着的人可以享受的权利以及信托中无生命体的权利，这在罗马法中是不可能实现的。

　　道德、伦理和得体的行为也是法律的要素之一，这部分的法律之前被称为公平。在这里，人们应该受到公平、正义的保护，即使需要违反严苛的法律条文。

　　法律规定了三种财产形式。第一种是绝对个人的，例如我有权购买并处置一件物品。第二种是大众的，属于每一个人，例如空气和海洋。第三种是每个人都有一些所有权，处于半私有、半公共状态的大量财产。许多在英国被标记为"公共"的东西，例如公立学校、公园、公共图书馆等都属于第三类，人们使用它们受到某些标准的限制。

　　法律上判断人们是否如实陈述的标准是"理性"或者"合理性"。"理性人"是评判陈述的标准。被告的言论是否表明他在某种情境下的行为是合理的（自私的、理性的）？

当然，这些特性随着时间的推移会被破坏，有些被覆盖，还有很多例外。然而，和任何游戏规则一样，它们仍然留存了下来，并且成为指导目标。

其中的许多特性已经传播开来，并且被许多其他国家的法律体系所接受，所以我们可能会说——那又怎样？它们不是不言而喻的吗？我们可能会忘记，即使是一百年前，除了美国，几乎全世界的人都会受到来自不同法律构成方式的挑战。

英国的制度将个人视为权利和义务的最终承担者，与他的家庭无关，也不受政治或宗教的支配。这种制度直到最近才开始兴起。

因此，法律变成了能使其他各个部分顺利运行的润滑剂，是阻隔专制主义和各种腐败的屏障。它使英国人能在一个共同的规则框架内进行政治、经济、宗教和意识形态的游戏。如果打破这些规则，就会带来惩罚。虽然英国是一个充满法律和诉讼的国家，但是英国人也相当守法。

即使考虑到它偶尔的失误，所有这一切仍不失为伟大的发明。这样一个法律体系支撑着资本主义、工业革命和英国。

政治

英国的政治制度同样可以追溯到一千多年前的盎格鲁-撒克逊时期。这套体系极不寻常，保留至今，为世界民主提供了参考。这套体系也是建立在一系列的前提之上，这些前提简洁明了，并且和法律体系相辅相成。

每个人都有与生俱来的政治权利，可以最低限度地管理自己的生活，并且在过去的几个世纪里越来越多地参与到国家管理中去。当然，还有很多人，如妇女和财产很少的人，在很长的一段时间里在管理国家的议会中没有席位。在英国，普遍代表制度（universal representation）是近一百年的事情。但是在那之前，人们已经通过一些微妙的手段对自己的生活进行了相当大的控制。

当我们谈论民主时，我们不仅在谈论议会的提案或是国际关系，我们同时也在谈论自己对日常生活的控制。自治在很大程度上是指有权利决定自己每天做什么，英国人从一开始就有一套完备的机制来鼓励这种自治。

其中就包括将权利下放到地方政府，而不是中央集权。权利的下放既存在于社区也存在于教会中。如房屋、人行道、地方费率、治安，当地经济标准和救济等日常决策都是由当地人按照适宜当地的标准来制定的。

权力下放还存在于英国人组织的各种非正式协会中，如俱乐部、社团、教堂和学校等，这些协会会组织一些活动。人们可以通过与他人建立联系变得强大，他们一起行动，组织板球、飞镖、足球、赛马、唱歌、祈祷、修复教堂等活动。他们可以组织公共讨论，通常是在酒馆或酒吧里，他们也可以组成慈善团体，做好事。托克维尔在《论美国的民主》（*Democracy in America*）一书中将其描述为充满活力的民主，而它来自英国。

相较于家庭、宗教、种姓等制度，英国的机制也有其相对薄弱的地方。因为英国的机制意味着个人需要通过成为团队的一员或是找到志同道合的朋友来消除个人的无力感和孤独感。

英国人逐渐将这种机制与政治结合，建立起相互制衡的政治体系。因为他们知道权力最终会带来腐败，所以不能集中在少数人手中。

英国的此种机制也可以被称为三权分立。在理想的英国民主模式中，法律与政治是分离的，虽然议会制定了一些法律，法官和法院还是独立的；教会，宗教和政治也是分开的，即使有些主教也在上议院拥有席位；家庭与政治也是分离的，即使兄弟或父子有时一起从政或相继从政，偏袒亲属或"裙带关系"都是被禁止的。

理想情况下，经济和政治也是分离的。在英国，"腐败"被认为是权力和金钱的交易，总体来说是被厌恶以及限制在一定范围内的。在美国，金钱可以购买政治权利，在印度，政治权利可能被用来牟取私利。政治制度反映了整体的结构，但是政治却不能凌驾于任何其他制度之上。它始终是金钱、鲜血和信仰不停撕扯拉锯的战场。

王室和议会之间的斗争永无止境。英国人一步步地将国王礼教权利与下议院的权利分割开，这和另一个封建岛屿——日本皇室与幕府的关系是类似的，两者一直处在紧张的平衡中。

另外议会里的两股势力之间也势如水火。下议院议员由部分人民选出，上议院议员是指定的，通常是由世袭的家族和主教来分配。

两个拥有不同选区和关注点的力量在议会内部始终存在

着斗争，早期是辉格党①和托利党②，现在是工党和保守党，此外，上议院和下议院之间也存在着争端。下议院的席位竞争就像是个网球场，采用的是得票多者胜（the first-past-the post），而不是比例代表制。这两者的结合避免了大陆政治制度中常见的联盟和少数政府情况。

英国人一直将国家视为自己的仆人，这导致细节上常常存在扭曲和腐败，但国家不是一个独立的压迫性机构。他们仍然确信国家中有他们的利益。这常常是一个笑柄，可笑而无能。但这仍然是我们的，而不是"他们的"。

① 英国辉格党是英国历史上的一个政党，产生于17世纪末，19世纪中期演变为英国自由党。——编者注
② 托利党是英国历史上的一个政党，产生于17世纪末，19世纪中期演变为英国保守党。——编者注

经济

纵观世界历史，经济生活的基本特征是"嵌入"。也就是说，我们难以将"经济"作为一个独立的体系来看，其自身的法律与实践和对其产生重大影响的政治，以及家庭和宗教是难以分离的。

许多研究过现代经济体系基础的人，包括卡尔·马克思（Karl Mark）和马克斯·韦伯（Max Weber），都认为现代经济体系的基础（通常被称为资本主义，基于私有制的资本——土地、劳动和商品），也是当今主导世界的体系，最早是在英国发展起其完整的形态的，这也是英国经济的特别之处。

很明显，英国的许多资本主义特征来自世界各地，也有古时候的影子。它与欧洲大陆，尤其是意大利和荷兰发生过的事情有着惊人的相似之处。然而，资本主义、自由市场和私有财产，在美国达到其巅峰形态。可以说，美国从英国那衍生出了资本主义的解决方案。

以下是一些流传至今的关键特征，其中的核心是经济决策，即通过生产或分配来追求财富的自由不应受到任何非经济力量的干预。赚钱是个人的权利，它在道德上是中立的。个人追求理性收益是自己的事情，它不应该被家庭、教会和政治力量所阻挡。当然，在实践中，人们往往会在一定程度上受到这些压力的影响。但是，追根究底，它们都不能约束个人的这种行为。

最早是亚当·斯密1776年在《国富论》（*Wealth of Nations*）中对这些原则进行了阐述，但是他并没有提出任何新的东西，也没有描绘新世界的蓝图。他只是描述了在他之前英国已经存在了很长时间的经济体系。

这种行动（赚钱）自由的一个例子是财产。在几乎所有的文明中，拥有财富的是家庭而不是个人。个人为更广泛的家庭群体工作，受到户主的控制，他的劳动所得也不是个人财产。例如，所有的家庭财产自动归家庭成员所有，没有任何支配自己收入的自由。

而在英国，从盎格鲁－撒克逊时代开始，个人就能拥有自己创造的财富。他们也可以以遗嘱的形式选择将个人财产留给其他非家庭成员，如教会、朋友等，因为这是他们的权利。中世纪英国有一句著名的法律谚语"没有人是活人的继承人"（nemo est heres viventis），意思是当父母在世时，法律并不认为孩子能自动获得他们的财产继承权，死后财产的归属完全是个人选择的事情。

类似地，虽然孩子并不因为出生而获得任何与生俱来的权利，法律上也不规定他们对父母负有任何与生俱来的责任。他们可以自由地按照自己的方式生活，养老是国家和教区的责任。在英国，明智的父母都会确保他们有养老保障金，莎士比亚的戏剧《李尔王》就是对这种情况的极好示例。李尔王试图强迫他最爱的女儿明确表达对他的爱，但被拒绝了。他就愚蠢地把一切都给了另外两个女儿，最终被这两个女儿抛弃。

这样一个体系的核心特征是金钱支配一切。几乎所有的东西都可以从市场上买到，从社会阶层和声望到各种商品。市场用一只无形的手组织调节着人们的生活，让人们参与到一场无休止的斗争中，为了攀爬，为了积累，为了不跌倒，最终陷入贫困。它对阶级的影响接下来会谈到，背后隐藏着许多英国的特征。

拿破仑等人精准地将英国描述为一个满是商店的国家，并且由商店统治。英国人确实非常关注买卖，有时候也生产商品——中世纪和现代早期的布料和农产品，或者是近几个世纪来的工业化产品都是例子。然而，与物质生产相比，英国人总是对不那么累人的商业回报更感兴趣。因此，英国人

与荷兰人合作开创了现代银行体系，并在伦敦金融城创造了
世界金融之都。

　　金融、贸易和赚钱是英国人的核心。但是正如我们即将
看到的那样，他们不断地试图掩盖这一点，并通过艺术、文
化和良好的教养来掩盖他们对金钱的痴迷。

家庭

　　几乎世界上所有的地方，通过血缘关系和婚姻关系联系在一起的大家庭自古以来就是社会的基石，远远超过只由父母和孩子组成的核心家庭。家庭是一个人工作、吃饭、睡觉、抚养孩子和抵御外部威胁的地方。从出生到离世，家庭都和我们息息相关。出生时，我们首先是家庭的一员，其次才是独立的个体。一些社会学家将其描述为基于身份的体系，即出生不可更改。

　　基于我们对过去一千年里英国的政治、经济和法律制度的了解，可以毫不奇怪地发现他们有一个非同寻常的制度。在某些方面，他们更像是森林中原始的狩猎民族，几乎没有固定资产，家庭结构流动性很高。

　　英国家庭体系的基本特征承自盎格鲁－撒克逊人，自那以后只做了很少的修改。与传统的印度人不同，英国人平等地通过男女血统来追溯祖先。这就意味着他们不能形成清晰的、基于血缘的族群。英国人甚至不像他们的近邻苏格兰人，连宗族都没有。

英国人对亲戚都是直呼其名，在这个体系里父母、兄弟姐妹都是互相独立的。在这个小小的核心圈子之外，有一些亲戚圈子，但是并不会区分是父亲还是母亲的亲戚——叔叔、阿姨、侄子、侄女、表（堂）兄弟姐妹的称呼都是一样的。个人是世界的中心，如果有人问起某人的祖先，很多英国人也不太清楚如何通过一个古老的系统来表示他们与某些长辈的关系。因此，我描述我与一位著名学者的关系时说："他是和我有着同样曾（外）祖父母的隔了四代的亲戚"（second cousin four times removed），但是我不确定听众们是不是听懂了我的意思。在英国，除了那些非常富有和有权势的家族，大部分人对远亲知之甚少，也不怎么关心他们。

我们已经知道，英国的继承制度也是非常个人化的，财产归私人所有，个人可以自由地选择继承人。一个男人或女人对自己的财产有分配的权利，并且可以自由地选择继承人。在比较富裕的家庭中，人们倾向于将大部分财产分给长子，即所谓的"不可分的男性长子继承权"。如今这一点已经被抛弃，如果遗嘱里没有特别规定，财产将被平等地分给所有的子女。然而，财产总是由下一代继承。兄弟姐妹不会自动获得对方的继承权，他们的子女也无法继承叔叔的财产。

在子女能自我谋生前，家庭基本上是用来抚养孩子的。许多世纪以来，各个阶层的英国人都会把孩子送到几乎没有联系的家庭里去——根据他们的富有程度，孩子会作为仆人、学徒、学生或者是富人家的侍从，这些孩子的年龄从八岁到十二岁不等。现在的孩子通常在家里生活到十几岁或二十几岁，因为他们还在上学，或是还没有成家。

然而，即使孩子在家里多待了几年，他们大约从十二岁开始也变得半独立了，生活重心在朋友和学校而不是父母身上。他们被当作独立的个体对待，有自己的权利和义务，通常有合理的零花钱，可以自己掌管自己的卧室、分配休闲时间，以及自由选择朋友。长大后成为与父母平等的朋友（有时也可能是敌人）。

因此，不管是过去还是现在，在英国三代同堂的情况（祖父母、父母和孩子都生活在一起）都非常罕见。兄弟姐妹和他们的孩子生活在一起也不常见。当父母年迈无力时，他们通常由陌生人、仆人，或是某些机构来照顾，而不是由自己的孩子来照顾。

换言之，英国人之间的关系早就从与生俱来的血缘关系转化为契约关系了，他们可以有意识地、自由地决定自己的安排。如果子女愿意的话，可以住在父母附近，给他们一些养老方面的支持。如果祖父母愿意的话，也可以帮助养育或教育孙子孙女。当然，这都取决于个人意愿，没有法律，更没有无形的社会压力要求人们这样做。

因为孩子们很早就离开了家，有自己的生活和朋友圈子，即使住在家里也非常独立，所以如果他们想要结婚或者开始另一段长期关系的话，决定权完全在他们自己手中，比如找工作或者是买房子。我发现在很多社会里联姻直到如今都还非常流行，在这些社会里，个体是巩固家族之间联系和交换财富的手段。但是在英国，除了一些非常富有的家庭和王室外，几乎从未出现过这种情况。

选择和谁共度一生是个人的事情。当然这也留下了空白地带，因为父母无法提供帮助。那如何在茫茫人海中寻找到另一半呢？英国人用"浪漫爱情婚姻"去解决这一难题。诚然，所有的社会都有浪漫的爱情和性吸引力。然而，将强烈渴望与某人生活在一起作为毕生伴侣关系的基础却不常见。但这恰恰是英国生活方式的核心。如果一个人想起英国的小说、诗歌、戏剧和绘画，几乎所有人都关心浪漫爱情的欢乐与烦恼。英国人是很宠老婆的，人们通过兴趣爱好连接在一起，这一点常常在电视等其他社交媒体中出现。而引起这种现象的，是一种非理性的直觉。

英国的核心家庭是养育孩子的单位，父母在这里保持夫妻间的友情。诚然这个家庭相对薄弱，没有太多共同点，也没有太多的功能。它不是政治、经济、宗教交汇的地方，也不是这个体系的基本单位。这种情况和盎格鲁－撒克逊圈子以外的地区大不相同。

宗教

　　有一种观点是说人们可以支持对英国人完全相反的解读。基于此，可以说英国人是最虔诚的，但也是最不虔诚的。说他们最虔诚是因为英国过去的大部分文化都浸透着基督信仰，这种信仰相信有一位创世的上帝，他审判着所有人，也时刻注视着我们，期待我们不断地去奉献和爱。这种单一的一神论并不像天主教那样外显和社会化。但是自从英国的宗教改革以来，每个与上帝有直接联系的人都将其内化了。

　　这意味着数个世纪以来，英国的大多数思想和文化都深受基督教的影响，从诗歌、哲学，到艺术、教育，甚至是科学——正如我从我自己的教育经历中所发现的那样。英国人的道德和行为基本上受到宗教残余的控制，这一点和美国人很像。

　　这适用于那些对正式的宗教外延知之甚少或看似不关心

的人。这无关于去不去教堂祈祷，或是信仰任何救世主，而是一种以深深内化的罪与罚、罪与个人道德、生命存在的原因及我们死后将要发生的事情为基础，以所有的英语语言和文化为支撑的完整态度。这就是为什么我许多来自其他文化的朋友，日本、中国甚至法国，偶尔会问我为何英国人如此虔诚。我们确实是，但我们也不是。因为英国人的宗教长期以来高度私有化、独特化、多样化，这与其他地方是不同的。

大部分宗教的中心都是家庭。宗教里的亲属关系（神性亲子关系）以及普通血缘亲子关系的重要性都体现了家庭和宗教的深刻联系。

英国人从一开始对这些外在的宗教表演就兴趣寥寥。他们喜欢游行和世俗仪式，比如加冕典礼或是足球比赛。同时，他们认为在天主教里，人们可以通过某种行为和语言来迫使上帝给予自己一些东西的想法是迷信，是盲目崇拜，像魔法一样。英国人认为，上帝在信徒的心中，而且和每个人一样，不愿意接受暴力胁迫或是贿赂。

随着时间的推移，这种想法导致了宗教小团体的扩散，以及挑战英国宗教的其他教派（浸礼宗、贵格会、卫理公会派以及许多其他教派）。而这些教派之间也存在着强烈的意见分歧。因此，正如那些评论者注意到的那样，在英国，每个人对宗教都有自己的看法。

宗教之于英国人，也有着强大的影响力，这在所有的一神论文明里都一样。因为宗教是一个包含了礼仪、伦理、神学和信仰的整体，控制着生活方方面面的秩序。这与世界上其他多神教和多中心文明形成了鲜明对比，比如在中国或日本，有不同的体系来处理伦理、礼仪和信仰。

然而，一神论宗教的核心是统一的，所以一个人不可能既是天主教徒又是新教徒，但实际上，英国的宗教已经制度化，成了人们生活中一个独立的部分，就像我们谈论过的"经济"或"法律"，它们虽然统治着部分生活，但却有其界限，宗教也是如此。

英国人做出了相当大的努力来防止宗教冲击政治。自16世纪改革以来，上帝与国家统一的观念（即所谓的政教合一）从来没怎么站住过脚。英国人的意识形态和道德观念在政治之外。

同样，宗教应该远离市场，即使是在加尔文主义的苏格兰，亚当·斯密也没有对教会及其在资本市场的影响给予过度的关注。在他早期的《道德情操论》（*The Theory of Moral Sentiments*）中，亚当·斯密概述了现代市场道德的基础，但是他并不认为道德基础来自基督教，而是认为来自自爱与爱社会之间的冲突。

类似地，在英国，家庭也不是宗教的中心。诚如英语小说或自传中描述的那样，家长在一段时间里可能会尝试塑造孩子，但最终，当孩子离开家时，他们不会被迫接受任何宗教。英国也没有祖先崇拜，归根结底，宗教是个人的问题。通常的情况是宗教和金钱一样，在谈话中提出来有时候会显得有些不妥。

阶级

关于英国，最重要也是最难理解的事情之一是他们的阶级制度。它的原理非常简单，但其他国家却很难完全模仿。这种制度是独一无二的，因此，即使是美国、澳大利亚、加拿大等英国曾经的殖民地，也只承袭了其部分内容。因此，观察这种制度最佳的地方是在英国。

英国阶级最主要的特征是它以个人成就为基础，也就是说这是一件个人的事情。在历史长河里，很多文明都以人的出身来决定个人的社会阶级并且不容更改。如果你生来（或者被迫）就是奴隶，那么你就难以逃脱这个身份，除非法律免除了它。如果你出生时是贵族，那么你的孩子从出生起也是贵族。

但英国人很少这么干。自盎格鲁-撒克逊时代以来，英国就没有奴隶制；也没有像传统的印度那样，将农民束缚在土地上。英国也没有以血缘为依据的、拥有特殊法律待遇的贵族。相反，英国的贵族群体主要由最近获得了贵族头衔的人们组成，他们中大部分人的孩子并不会世袭其贵族身份，而是会重新成为中产阶级。

这一点在法律上也有所体现。英国近八百年来的法律从未承认过基于出身或血统的奴隶制度，法律面前人人平等。比如，在过去的几个世纪里，只要奴隶踏上了英国的土地，他就变成了一个自由人。仆役都是基于合同来执行的，每个人在法律面前都是平等的，将平等地受到"同伴"的审判。这意味着即使是贵族，有时也会在法庭上受到"同伴"——上议院的审判。

这一制度也不像印度的种姓制度那样，并不是建立在简单的劳动分工或是功能联结上。英国人并没有像统治者和军人、教士、城镇居民和商人、农场工人的四级分工。当英国人想谈论这些人时，他们不得不引入法国名词，例如贵族、资产阶级、农民等。

从某种程度上说，英国在对人才开放上有着类似于古代中国的制度。即使一个来自偏远村庄的人也可以变得富有、强大、出名。在古代中国，人们通过科举考试可以实现这一目标，而在英国，人们通过教育来培养保持阶级或提升阶级所需的礼仪和语言技巧。然而，教育并不是提升阶级的首要因素，钱才是！财富购买阶级的特点是一个人可以通过购买相应阶级的附属品来体现他的阶级，如演讲、衣着、住房和人脉。

在英国，阶级存在于旁观者的眼中。通过标志和小细节，你被认定为绅士或是工人阶级。从莎士比亚到简·奥斯汀，王尔德和萧伯纳，再到伊夫林·沃（Evelyn Waugh），唐顿庄园和许多其他电视节目，都在无休止地讨论这些标志。

在列举一些标志的例子之前，简单介绍一下这个系统的基本结构将有助于理解这些标志。

英国的阶级就像是一面架着梯子的墙。这些梯子是每个人毕生追求的各种不同职业。教会、法律、教育、政治、商业、制造业、农业、军队、卫生服务业等都有自己的梯子。每个梯子都有足够的台阶使人能够轻易地上下移动——没有任何无法跨越的鸿沟。每个梯子上的人都可以看到大致相同的另一个梯子上的人，因为他们属于同一个阶级。

每个阶级都有其大致的工作领域。总的来说，工人阶级一般是在田地、工厂、矿山等从事体力劳动的地方（就是所谓的"蓝领"，因为蓝色的领子不容易看出来汗渍），而非常重要的中产阶级（或者是"白领"，因为他们的衣领在各种服务或专业职业中需要时刻保持干净）和一小部分上层阶级，他们根本不需要工作，或者只需要做很少的工作，因为他们已经拥有了财富。

其中最复杂、划分最细的还是中产阶级。历史上，这个群体在英国的占比也比其他文明高得多。中产阶级一般被分为三层：下层（小店主、商人和所有职业的底层人员），中层（中层管理人员、教师、护士、乡村律师、军队长官和教堂里的乡村牧师）和上层（大学教授、法官、军队上校和主教）。

而那一小部分的上层阶级都来自富裕的土地主和工厂主家庭，他们的孩子接受昂贵的私人教育，参加高级的私人俱乐部，拥有大型游艇，他们也许是艺术家和慈善事业的资助人，住在价值不菲的城市别墅或者乡村豪宅里。

从较低的工人阶级到上层阶级中，有七八个主要的群体，他们之间的边界十分模糊，以至于人们总是在小心攀爬、避免摔下梯子。一个迷惑不解的局外人要怎么才能判断一个人的阶级呢？这种技能是英国人从他读过的每一份报纸、看过的每一部电视剧，以及从童年到学生时期经历的社会化和学校教育里习得的。

根据下面的清单，每个英国人都可以通过外表的观察和几分钟的交谈，不假思索地或下意识地判断出他遇到的另一个英国人的阶级。

第一个标志是语言，这是最具代表性的标志。这由两部分组成。一部分是口音或者说是发音，可能受地域性的或是受世界上不同文化的影响，有的清楚，有的含混不清，包含了很多语音语调的变化和发音特征。而这些特征大致会将人分成三种不同的阶级。

复杂或简单的语言代码、玩笑的类型、谈话的内容，以及名字和事件背后的典故等，都是判断阶级的线索。因此，两个英国人在五分钟内就能大致判断对方的阶级。这也是为什么萧伯纳在《卖花女》（*Pygmalion*）里着重强调了正确的语言和口音的教学。

第二个关键标志是一个人的工作以及在组织中的地位。这与我说过的梯子的例子相吻合，如果你知道他们是如何谋生的，最好再加上他们家庭中一些成员的情况，特别是父母，那么做出的阶级判断就是比较稳妥的。

第三个标志是他们的受教育程度。由于人们有时会假装和掩饰，那么了解一个人的教育背景可能会帮助判断他们的阶级，虽然现在这一点的作用没有之前那么明显了。例如，中层中产阶级和上层中产阶级之间的差别几乎等同于公立学校和私立学校之间的差异，或者是大学与非大学之间的差异。现如今，孩子的教育依然有一定的标志意义，但是很多上层中产阶级已经负担不起私立学校的学费了，所以这个标志的作用变弱了。

第四个标志是居所。一个人不管住在城市还是郊区，住在风景如画的乡村还是贫民窟，他们房子的大小和装修的古老程度都是无法作假的。例如，在你老去前，如果你一直住在城市贫困地区的一居室公寓里，那么你很难成为上层中产阶级。而住在美丽乡村的别墅里，并且有一个大花园，则是阶级的一个有力标志。

房子的内部装饰也是十分重要的标志。阶级，说白了就是一系列习得的阶级标志。所以一个英国人进入别人家里几乎立刻可以从家具的材质和摆放、画、摆件、地毯等来确定一个人的阶级。家中物品和场所的叫法，例如，是餐巾（serviette）还是纸巾（napkin），是洗手间（loo）还是厕所（toilet）等一系列标志都很重要，正如南希·米德福德（Nancy Mitford）1956年在《贵族的承诺》（*Noblesse Oblige*）中着重解释的那样，这些是上层阶级辨别你"属于他们"或是"不属于他们"的核心。

这里的一个关键点是，与买衣服、度假和许多其他事情一样，实现阶级跃升并不是一个纯粹的花钱多少的问题。许多上层中产阶级或许依旧使用着破旧的家具，穿着又旧又不贵的衣服，开着又破又旧的汽车；而那些渴望获得阶级跃升的人则拥有着昂贵的汽车、新潮的电子产品、家具、珠宝和衣服。但英国人不会被此欺骗。你不能仅仅通过购买昂贵的家具、包或葡萄酒来购买阶级——虽然这种策略在19世纪末、20世纪初的美国，以及其他迅速崛起的新兴富有社会中十分流行。

有关这些标志的清单可以变得非常长。比如，我从小就经常思考自己的姿势和手势、走路和交流的方式、头发的长度和指甲的长短，以及餐桌礼仪等，每个方面都很重要。在这里，我将用人们如何打发闲暇时间来结束这一部分的讨论。

传统来说，阶级差异也体现在休闲方式上。工人阶级的命名很贴切，下层中产阶级通常也需要在底层工作很长时间。他们的娱乐活动常常受到金钱和时间的限制，在比较定式的思维里，男人会喝酒，钓那些不能吃的鱼，赌狗（bet on dogs）；而女人则忙于照顾孩子和聊八卦。

虽然现在的休闲方式不同于以往，但你仍然可以通过他们去剧院、音乐会、博物馆和美术馆的时间，读了多少书，家里有多少书，打板球、高尔夫球或去航海的时间等来快速定位一个人。尤其重要的是他们去哪里度假以及他们怎么称呼他们的孩子。

生活的每一部分都是阶级的标志，微妙的阶级游戏在英国非常吸引人。然而，也许幸运的是，随着社会和交流的快速变化，以及大量外来文化的涌入，许多旧的观念正在逐步被抹去。

教育

　　教育既是社会的一面镜子，也是社会的创造者。对英国教育的考察可能会很有启发性。几个世纪以来，到访英国的法国人和德国人也觉得英国的教育有其独到之处。而来自更远地方的游客，比如印度人，就更觉得英国教育独特了。想要了解他们为何感到惊讶，我们需要了解在历史上世界各地的典型的教育是什么样的。

　　教育的目的通常是弥补家庭教育的不足。家庭对许多重要的事情都有影响，比如道德、行为以及社会规则。换言之，家庭影响着孩子的身心。如果孩子去上学，那是因为有一些基础技能父母无法或没有时间来训练和传授。特别像是初级的阅读、写作和算术。

　　典型的教育，其目的并不是训练人们独立思考或培养创新思维，也不是提出新的想法和解决办法，更不是学习辩论、逻辑、修辞等表达个人观点以便说服他人的艺术。教育不是要创造出能够改变已有结论、创造新世界的人，而是要给孩子们灌输一种传承的观念。即那些已经去世的大师们留下来的传统，比如孔子的理念，这些应该传承下去。

英国教育的独特之处在于它有一种完全不同的模式。英国的教育从盎格鲁-撒克逊人早期创办的学校开始，到14世纪温彻斯特和15世纪伊顿公学的建立，再到16世纪文法学校的兴盛，一直发展到现代教育。

在英国，家庭和学校的关系以及学校与学生的关系，体现了家庭和学校对学生的不同作用。当孩子去上学时，他就被带出了家庭，学校取代了父母的角色。正如拉丁语里说的那样——"学校代替了父母"。

老师和其他孩子一起创造了一个与家平行的世界，在这里，孩子们通过友谊和老师的指导学会成人世界里的大部分技能和道德。在这里，他们学会社交技能——如何在压力下生存，如何交朋友，如何集中精力以及如何做实验。在这里，他们学会私人政治技能——如何服从和指挥，如何操纵和策划。在这里，他们将学到精神和道德存在的基础，因为直到最近，几乎所有的学校都直接或间接地与基督教会联系在一起。在这里，他们通过业余爱好和游戏学习市场规律，了解供求、谈判、合作和竞争的规律。

换言之，英国学校的作用是将一个八岁左右的孩子从家庭中带出来，然后塑造、锻炼、"修剪"他们。不仅要塑造他们的心灵，也要塑造他们的个性和性格，精神和情感，以及他们的身体。

学校的这种角色和作用在寄宿制学校里发挥到了极致。孩子从8岁到13岁在"预备学校"上学（为下一阶段做准备），然后从13岁到18岁在"公学"上学。这一阶段曾经被大学代替，以前大学从14岁或15岁开始招收年轻的学生，但是从19世纪开始，大学的招生年龄变得和现在一样。

诚然，这个体系并不仅限于私立学校。在文法学校，甚至是幼儿园和托儿所都可以看到，学校是许多儿童离开家庭进入社会的过渡机制。在每一种情况下，学校都提供了庇护的环境，一个社会转型的场所。这是独一无二的。

这意味着，当我们审视英国教育的时候，我们会发现它为各种社会阶级和职业的人提供一种通用的培训，他们未来可能从事不同的职业，有不同的身份——银行家、士兵、律师、商人、牧师或教师等。因此，当我们审视英国学校和教育的时候，我们不仅要看学校的具体课程，还要看整体的教学。

学校教育内容本身就很有启发性。当我审视我自己的教育时，我惊讶地发现很多时间都花在学习英国历史和英国文学，分析和掌握讽刺和幽默，学习和表达论证技巧上。这是为了让我学会思考、争论、质疑和重组，以便创造出一些新的东西。同时，也学习如何成为一个英国人。

然而，学校生活中最有意义的部分是在课堂之外。在漫长的课余时间里，体现在各种爱好、狂热、小团体和友谊里。或者是在更有组织的团体活动中（我在预备学校时就参加了橄榄球、曲棍球、足球和板球活动，而在公学时则是橄榄球、跑步、板球和钓鱼）。正如我们将看到的，这些活动和运动才是教育的核心，因为它们塑造了一个人的性格，并且传授了生活技能。除此以外，学校还很重视培养学生在音乐、喜剧、艺术和手工艺方面的才能。

在这个过程中，学生的"等级"总是在逐步提升的。低年级的学生从如何服从和服务开始学起，逐步成为有责任指导低年级学生的高年级学生。

在英国，教育是确保体制开放、灵活、不断变化的一种机制，同时，它也保留了一些传统。正如我们看到的那样，它也是阶级制度的主要堡垒。它常常是严酷的，但有一点可以肯定，它有独特之处。

游戏

人们很容易认为游戏，包括各种体育运动在内的比赛，团体赛或其他游戏，只是填补休闲时间的方式。这种观点，其实是对英国教育的一种误解。事实上，游戏在人类社会中扮演着重要的角色。亚当·斯密的理论也印证了这一观点，即人类天生对竞争活动（以物换物）感兴趣，而英国人，对此尤其擅长。

事实上，世界上大多数的游戏和体育运动都是在英国发明或者正式化的，然后传播出去成为新的世界风尚。不仅如此，许多其他的游戏也是在英国被赋予了规则和框架。英国人很擅长发明棋类游戏（例如大富翁游戏），现在也发明了很多电脑游戏。

一般来说比赛具有以下特点：它们是短暂的且有时间限制，在有限的时间里开始、进行和结束。此外，它们在空间上也是有限制的，几乎都出现在球场或竞技场上，不能超出这个范围。通常比赛在两方能力、力量和人数相当的队伍之间进行（三方比赛比较少见）。一场20人对10人的足球赛是难以想象的，或者一支职业队对阵业余队的比赛也是毫无意义的。从理论上来讲，比赛双方在理论上应该有均等的获胜机会。然后，他们通过各种策略、战术和技巧将这种平等转化为不平等。

比赛通过设置一套最低的限制规则来实现上述目标。例如，在足球中是不能用手（守门员除外），在橄榄球中是不能向前传球，在板球中是不要扔球而只能通过伸直手臂投球。如果有人违反规则，这场比赛就被破坏了。但是技巧就是尽可能地接近规则的边缘，以便用公平的方式来击败对手。

比赛让人从日常生活中暂时地分离出来。当比赛结束时，你会和对方握手，并回归平常的生活，精神焕发，也许变得更聪明些。比赛还会培养团队合作精神。团队合作依赖平衡，在自爱与社会化的爱之间找到平衡。比如，追求卓越的欲望、进球、跑动是自爱；而将队伍的得失置于个人之上，与队友合作来赢得尊重，或是牺牲自己的私利来取得队伍更大的胜利则是社会化的爱。

比赛的基础是对抗，是一种斗争，既是与对手的斗争，也是与自身弱点和性格的斗争。如果只有一支队伍，那么无法开展比赛，就像只用一只手，无法鼓掌那样。

比赛的这些特点说明了我们为何可以将其视为英国生活的标志。这些比赛和运动的范围很广，通常涉及人类与自然的对抗——钓鱼、狩猎、射击、航海、爬山；或是间接地与其他人对抗——跑步、滑雪、赛马，田径。与其说这是英国人生活的一种标志，不如说这是英国人生活的实质。

如果你看过下议院或这个体系里任何级别的辩论，就会发现英国的政治生活也是一场精心设计的比赛，和其他比赛一样，有规则、技巧、对抗和调解制度。英国的法律也是如此，具有对抗性和游戏性。更不用提英国的经济了，人们在规则的范围内斗智斗勇，但其本质还是一场精心设计的比赛。

英国的社交生活，从父母与孩子之间的交流，到浪漫的爱情，再到友情，都像是有趣的游戏。而知识，无论是与自然还是与其他人的博弈，还是各种研究与学习，都是一场游戏。这一点，在弗朗西斯·克里克（Francis Crick）的自传《狂热的追求》（*What Mad Pursuit*）中有很好的概括。

充满竞争意识的个体，奋斗、玩耍，有时过于认真，有时又不够认真，这就是英国文化的核心。这一点，不仅可以从我自己在接受教育的过程中对比赛的痴迷中看出来，也可以从英国媒体花在分析和展示比赛上的时间中看出来，因为媒体对比赛的报道所投入的时间远远超过对其他任何形式的活动的报道。如果我们提到"Homo Ludens"，游戏的人，那么最好的例子就是奇怪的盎格鲁－撒克逊人（如果我学生时代的拉丁语记忆还准确的话）。

幽默

如果你在一个新环境里讲了一个笑话而"当地人"都笑了，就说明你对当地语言和文化的掌握已经到了一定水平。然而，对于许多外国人来说，理解英国生活的关键——笑声和幽默——有一定难度。许多美国人甚至认为英式幽默过于残酷、微妙、怪异，而且常常很蠢。

当我回看我自己的教育时，惊觉有许多时间是花在了学习各种正式和非正式的幽默方式上——讽刺、反讽、双关、恶作剧等，由此可见学习幽默在英国是多么的重要。我们花了很多时间去研究分析英式幽默的先驱，那些诗人、剧作家和小说家。我们研究杰弗雷·乔叟（Geoffrey Chaucer）的滑稽表演，莎士比亚的幽默全集，形而上学诗人的才智，尤其是约翰·邓恩（John Donne）。还有伟大的讽刺作家和社会评论家的辛辣讽刺，如丹尼尔·笛福（Daniel Defoe）、乔纳森·斯威夫特（Jonathan Swift）、亚历山大·蒲柏

（Alexander Pope），简·奥斯汀的温柔嘲讽，查尔斯·狄更斯（Charles Dickens）的福斯塔夫式幽默。以及萧伯纳，幽默剧作家威廉·S. 吉尔伯特（William S. Gilbert）和作曲家阿瑟·沙利文（Arthur Sullivan），王尔德，萨基（Saki），伊夫林·沃和P. G. 伍德豪斯（P. G. Woodhouse）。

尽管我们花了大量时间来研究英式幽默，却没什么人关注为何幽默在英国如此重要，也没人关心为何幽默这一传统在"二战"后的电视节目和戏剧表演中重新焕发了生机。"二战"后出现了许多疯狂的喜剧节目，比如《傻瓜秀》，《巨蟒剧团之飞翔的马戏团》（Monty Python's Flying Circus），《弗尔蒂旅馆》（Fawlty Towers），《老爸上战场》（Dad's Army），《黑爵士一世》（Blackadder），《最后的夏日葡萄酒》（Last of the Summer Wine）以及阿兰·本奈特（Alan Bennett）和维多利亚·伍德（Victoria Wood）的一些作品。

虽然我是一个英国人，我也很难说明白什么能使事情变得有趣。学习这一技能的过程就像是学骑自行车，不知什么时候就会了。但是我将尝试总结一两个英式幽默的特点和模式。

讽刺是英式幽默的一种主要形式。这是幽默的一种形式，它建立了一种理想的模型，说明事情应该怎样，可能怎样，以及目前的状况离理想状态还有多远。讽刺常常攻击权力和伪善，试图打倒权力过大的人。尤其是在有审查制度的地方，试图控制评论的地方，因为人们认为那里会有腐败和双重标准。

如果每个人都相信言论是自由的，那么间接的攻击就没有必要了，讽刺也就不会兴盛。美国并没有太多的讽刺传统，大部分美国人都觉得讽刺里的间接性十分讨厌。如果是在语言和文字被严格控制的情况下，讽刺也不大可能大行其道。而在英国，统治阶级有钱有权，君主也一直很强大，因此是讽刺盛行的场所。

反讽是英式幽默的另一种主要形式，也是我在孩童和青年时期花了大量时间去练习的技能。反讽就是用相反的意思去说一件事，而只有当听众领会到字面意义下的双重意义时，它才发挥作用。因此要求说话的人和听话的人之间有大致相当的生活背景和理解能力。反讽是一种很重要的社交能力，是一种在批评时也能保持礼貌和友好准则的重要方式。

尤其是在一个阶级社会里，反讽就显得尤为重要。就像简·奥斯汀和萧伯纳书里描写的那样，人们一方面举止得体，维护公平，而另一方面，又在暗地里进行尖锐的观察和批评。反讽并不是一门容易掌握的艺术，它既要求掌握复杂的语言系统，也要了解社会和文化规则。特别是在一个相对封闭的社区里，大家彼此了解，为了避免在表达批评时造成伤害，此时熟练使用反讽就十分有用了。

这两种幽默的形式，以及其他各种幽默的表现方式，如面无表情、闹剧、滑稽等，似乎都是英国人非常重要的语言表达方式。

其中一个可能的原因，是能够运用并且欣赏这些微妙的笑话表明你是一个"内部人"。在电视节目或晚餐上分享一个喜剧或笑话，能将人们以一种共同的欢笑模式连接在一起，就像是人们聚在一起看自己最喜欢的球队进球一样。当人们运动或是一起创作音乐时，个人主义中人与人之间的界限被暂时打破了。

人类学家认为，来自不同社会的人都面临着哲学上无法解决的矛盾、对立与困惑。生命是如何开始的？如何从无到有？动物与人类，男人与女人，生与死是什么关系？人们通过讲故事的形式将这些问题抛出来，然后给出一些解释，这些就是口耳相传的故事。

英国人似乎没有这类故事，取而代之的是基督教教义、科学解释和文学。然而，生活里有矛盾和残酷，阶级会带来隐形伤害，现实中有不平等和不合理，不幸随处可见。英国人疗愈自己的方式就是笑。

给我们带来痛苦的统治者、生活中的失望、随处可见的不公平，以及无处安放的焦虑，这些都能通过笑得到缓解。

笑，就像是一个避雷针，规避了风险。它能抚平许多伤口，也能将我们支离破碎的生活黏合在一起。

最终，幽默成了英国社交的主要形式，也是友谊的核心。保持友谊常青方式就是和朋友一起讲笑话，开怀大笑。在婚姻中，如果双方不再调侃对方，那就是一个危险信号。笑声让这个世界轻松了许多。从某种程度上来说，能够在精神层面平等地玩闹是英国人的一个主要特征。

大部分英国人认为生活本身太严肃了，所以不能以严肃的态度对待它。嘲笑生活的疯狂与不公，甚至嘲笑我们自己，也是英国人的特征。只有傻瓜和以自我为中心的人才把自己看得过于重要，只有独裁者和渴望成为独裁者的人才不会自嘲，也不允许别人通过幽默来考验体制。

艺术

在某些文明里，美学是其存在的核心，比如日本就是这样的一个例子。而其他文明可能在某个艺术领域独树一帜——如文艺复兴时期意大利的雕塑和绘画，或者是18、19世纪德国和奥地利的音乐。中国有着极其复杂的传统艺术，将绘画、书法、瓷器、佛教和道教以非凡的方式结合在一起并相互融合。相比于这些，英国人似乎有点落后。

但是英国人有迷人的花园，包括私人花园和公共花园；英国人也有一些不错的住宅，古典风或中世纪风的乡镇街道；英国人有独特的垂直建筑风格和宏伟的大教堂；此外，英国人在书写艺术上，如诗歌、戏剧、小说和儿童文学，与其他地方比也不逊色。

然而，在两种主要的艺术形式上，英国人的表现则犹如昙花一现。绘画是其中之一。自文艺复兴以来20位伟大的画家名录里很难见到英国人的影子。只有在18世纪，或者说延续到19世纪起后期的拉斐尔前派运动中，英国画家才在欧洲的绘画界拥有一席之地。他们通常是风景画家，如约瑟夫·透纳（Joseph Turner），约翰·康斯特布尔（John Constable）和托马斯·庚斯博罗（Thomas Gainsborough），或肖像画家，如乔舒亚·雷诺兹（Joshua Reynolds）。产生这一现象的原因一直是个谜，英国人酷爱收藏，他们富丽堂皇的家里总是充满了欧式艺术品，但是他们自己却极少生产出一流的作品。

音乐上也是如此。16世纪和17世纪早期的英国作曲家都非常优秀，且举足轻重，如约翰·道兰德（John Dowland），威廉·伯德（William Byrd），奥兰多·吉本斯（Orlando Gibbons）。但那之后一直到19世纪，虽然人们喜爱音乐，但除了亨利·普塞尔（Henry Purcell）和德国出生的乔治·亨德尔（George Handel），很难再找出一些伟大的英国作曲家。

原因可能和赞助有关。绘画和音乐在欧洲发展起来在很大程度上归功于赞助人的支持，如西班牙王室和意大利美第奇家族的支持，在德国和奥地利，巴赫与莫扎特在统治者的宫廷里作过曲。当然，英国也有有钱人，王室也赞助了一些艺术。但是不知为何，这些赞助人似乎不那么慷慨。英国的贵族和富商似乎对把钱花在其他事情上更感兴趣，在狩猎、射击、钓鱼和艺术之间，他们选择前者，在赚钱和培养艺术之间，英国人也更愿意将精力放在前者身上。

另一个较难确定的原因可能在于英国的审美风格。简而言之，任何文明都有一种坚实的、受规则支配的、经典的艺术形式。美学的原则是艺术家和观众都能欣赏，艺术通常平衡且有规律，符合某些传统规则。

这些传统的规则通常很早就已经定型了。在中国，至少从8世纪的唐朝开始，经过后续历朝历代的修正，到12、13世纪的宋朝臻于完善。欧洲也是如此，希腊和罗马古典模式的复兴点燃了文艺复兴的火苗，后来又演变为巴洛克艺术。

英国当然也受到了欧洲大陆的影响，但这些外部的影响并不是英国历史的一部分。英国可以发展出一种新的风格，比如垂直建筑或者是新式风景画，抑或是拉斐尔前派的艺术。但这需要很多努力，并且这些规则没有内部化，也没有被观众广泛理解。

这也是英国艺术和欧洲大陆艺术的区别。英国艺术更不规则、不一致，也近乎野性，这里的艺术形态似乎和政治上官僚集权的缺失、法律上统一制度的缺失、口语里语序的缺失，以及高度分化的社会和宗教制度联系在了一起。

如果与意大利、德国或法国的花园相比，英国花园远没有那么正式，也不规范；如果与马德里、巴黎或柏林的中心广场和笔直大道相比较，伦敦和大多数英国城镇的规划都比较混乱；就连英国蜿蜒曲折的英式公路与小道也与欧洲大陆的高速公路大相径庭。

英国人似乎喜欢自然的、多解的、未完成的事物，以及矛盾带来的紧张感。在这一点上，他们很像另一个岛国的艺术传统，即日本。英国艺术吸收并结合了很多风格，但从未真正融会贯通。对英国人来说，这意味着耳目一新、充满活力与刺激，但是对许多外国人来说，这可能显得不够成熟，有点不那么令人满意，或者坦率地说有点混乱。

但我们最后要记住的是，英国人擅长私人艺术，关注内心世界。作品通常由一个人完成，往往是为了自己或其他人创作——小说、诗歌和书信。他们在音乐和绘画等公共艺术（戏剧除外）方面表现不那么突出，因为这些艺术需要大量的资金，也需要更多成熟和富有鉴别力的观众。

帝国

帝国存在于英国人的血液里。像所有西欧国家一样，最初都是罗马帝国的一部分，直到5世纪盎格鲁－撒克逊人入侵，罗马帝国才从英国撤出。因此，英国文化的一部分来源于罗马，包括部分语言、道路系统，尤其是基督教。在英国之后的历史里，随处可见罗马和希腊的元素，但是并不是以欧洲大陆那么强烈的方式。

之后在盎格鲁－撒克逊时期，英国人在贸易和学习方面受到了欧洲的加洛林王朝的影响。之后，英国又遭到了维京人、诺曼人和安茹帝国的入侵。然后，他们建立了第一个自己的帝国，占据了法国的大部分地区几十年。英法百年战争结束后，英国失去了法国领地，他们退回到自己的岛屿基地，并且在一段时间里失去了苏格兰。16世纪，英国人开始快速向外迁移，首先在西部的加勒比海和新英格兰建立了第一批殖民地。这对新的贸易，特别是糖的贸易特别有利。

　　1776年，随着美洲的分裂，英国失去了这批新殖民地的一部分，尽管加拿大和部分西印度群岛保留了下来。第一个原始帝国的雏形很快被东进的计划所取代，在两个世纪的过程中，英国一直在深耕对印度的控制。大约同一时间，英国人也对澳大利亚和新西兰进行殖民统治，然后攻占了缅甸。

　　当时英国还是一个小国，只有五百万到一千五百万的居民，也只有一个大城市——伦敦。然而，一旦它打败了西班牙人、荷兰人和法国人，它就统治了地球上四分之一的人口。

　　与其他帝国相比，这个帝国有一些特别之处。其中一点就是英国的主要兴趣在于赚钱，主要是通过原材料贸易和税收。8世纪到13世纪的阿拉伯帝国，或葡萄牙、西班牙和法国的天主教帝国，都和金钱有关。他们掠夺财富，也传播基督教以及宣扬他们的"文明"。英国人在帝国鼎盛时期成为传教士，但在帝国形成的大部分时期里，特别是在向东渗透的时期，那里的大量人口已经形成了自己的宗教，他们对传教不感兴趣。因此英国人主要通过贸易和制造业赚钱，并且通过相应的政治、法律和军事手段来保护贸易。

　　英国人建立与扩张帝国的动机不同于其他帝国，也和英国背景里另一个主要的差异相关。前面已经概述了许多因素，通过这一系列手段英国人在社会公共生活（法律、政治、经济，所有独立和普遍的事情）和私人生活（家庭信仰、情感和思想）之间设置了界限。用我朋友欧内斯特·盖尔纳（Ernest Gellner）的话来说就是，社会决定了新娘将嫁给谁，而文化决定了新娘穿什么出嫁。

这一区别在英国的法律中可见一斑，英国法律承认统一的普通法和差异很大的地方习俗。在语言中也有所体现，虽然英语中有统一的语法和句法，但是词汇（方言）和发音差异巨大，以至于许多英国人甚至中国游客和其他游客难以理解英格兰东北部或格拉斯哥那边的人说的英语。建筑、食物和许多其他物质文化也是如此，都存在很大的地域差异。

这种社会和文化之间的割裂是不寻常的。在法国或西班牙，社会与文化不可分割。你的法国属性在很大程度上被你吃什么、喝什么、信仰什么以及与家人互动的方式定义了，就像你被法律、政治和经济制度所定义一样。

因此，当欧洲大陆的国家建立帝国时，他们想将它们合并起来。不仅仅是通过必要的政府手段使其在经济上是一个共同体，他们也希望在文化上形成统一。如果你是法兰西帝国统治下的越南人或摩洛哥人，那么你就是法国人。你可以自由地去法国旅行，因为法国人希望你在饮食、语言和教育方面吸收法国人的精髓，更不用说对天主教和法国文化的热爱了。正如在摩洛哥工作的盖尔纳指出的那样，不管你的肤色和背景如何，曾经整个法兰西帝国的孩子在开学后的第一节课上都要背诵"我们的祖先是高卢人"。

英国的情况就与此很不一样了。整个英国军队被带到白人帝国的"处女"领土上，如加拿大或澳大利亚，在这里只有少数部落被征服或消灭。而当帝国从印度人手中夺走"宝石"后，当地的印度人很容易就被一小部分公务员和少数白人军官管制起来了。因为在他们的日常生活里，他们还是可以继续吃他们的传统食物，遵循他们自己的习俗（在合理的范围内）以及信奉他们自己的信仰。但是为了获得经济利益，当地的政治和法律制度必须与英国保持一致。

因此，当英国人去印度或缅甸时，他们就是去做生意的。他们把孩子送回英国接受教育，总是把英国当作自己的家。这一点，我从我在加勒比海、印度和缅甸的祖先们往来的书信中可以看出。

欧洲大陆帝国通常会派遣他们的公民去殖民地定居，建立教堂和学校，也许也会在当地结婚。当然，他们仍然是法国人或西班牙人，首都是巴黎或马德里。然而，他们和他们的孩子在外面是永久的定居者，而不是经济移民。这是完全不同的制度，也以一种神奇的方式在改变着帝国的大本营。

如果你在西班牙、意大利、荷兰或法国待上一段时间，你会发现他们以前帝国的痕迹。但是他们的大部分建筑、公共和私人设施、饮食、语言甚至是植物都是非常本土化的，一点也看不出以前殖民地的影响。这与英国非常不同。

在英国，随处可见帝国的影子。食物、建筑、艺术风格和语言，都受到了来自不同殖民地的思想、风格和手工艺的影响。人们可能认为这只是最近的事情，是因为"二战"后西印第安人、印度人、巴基斯坦人、非洲人和其他地区的人的涌入带来的影响。确实，近期东欧和远东地区大量的人口涌入使得英格兰以一种不同寻常的方式成了一个国际化大都市。但是将文化等私人事务从经济、政治和法律中分离出来，以便在公共规则统一的前提下保留许多文化差异的传统，这种做法早就开始了。

事实上，英格兰在历史上是高度连续的，但是一次又一次被岛外的浪潮所改造，这让他与日本有所区别。从盎格鲁-撒克逊人、维京人、诺曼人、金雀花王朝、苏格兰人、荷兰人，到18世纪以来来自世界各地的大量思想、风格和物质文化的涌入，再到20世纪后期美国和其他地方的巨大影响，英国人虽然认为自己是独立的，实际上却是其他民族的"混血儿"。

这个小岛一直是世界的一面镜子，但是每一代人都自豪地宣称自己的民族是自由、独立、特殊的。它总是认真地对待这个神话，并试图切断与邻居日益加深的联系，就像当前关于欧盟与欧洲的讨论一样。然而，长期以来，它一直是全球化、一体化的地方，就像一个大杂烩。这一点也有助于解释其疯狂而复杂的制度和美学。

英国路

　　孟德斯鸠男爵和托克维尔都认为英格兰历史可以追溯到耶稣诞生后的第一个世纪的"德国森林"。这种解释无疑是有问题的，特别是在出了纳粹的事情之后。如果一种解释有明显的宿命论或者日耳曼或者英格兰种族优越性或纯洁性的暗示，这显然是不可接受和不真实的。这个解释本身也并不充分。事实上，许多人来自"德国森林"，在罗马陷入衰败后的两个世纪里，日耳曼部落征服了西欧所有国家。但是一千年后，欧洲不同地区的情况却截然不同。

　　尽管如此，如果想要完整而信服地讲述英国人如何与邻国不同，并且如何影响了现代世界，我们需要回到罗马帝国崩溃的时期。日耳曼民族的政治经济制度，和盎格鲁－撒逊殖民时期的影响，显然有一些在接下来的一千年中产生了重要影响。

　　德国人是住在小村子里的农民和牧民。与有着城市化文明的罗马人不同，日耳曼人的心在乡村。即使是富人也明显偏爱乡村。这一特点延续了下来。

而当日耳曼人在英国定居时，他们显示出了商业头脑。刚开始，他们可能主要是自给自足的农民，但在几个世纪内，他们就创造出了复杂的市场体系，有大量的贸易，有当时欧洲最好的银币和最繁忙的港口。他们算是"原始资本家"。

盎格鲁-撒克逊人和其他群体并不生活在具有明确法律地位的社区中，而是分布在零散的村庄中。很快就有了教堂、庄园和一些公共土地。它是一个政府单位，但是没有血缘带来的法律地位或情感归属。在世界上其他地方，这种方式最终发展构成了"社区"。

日耳曼部落则有一个特殊的亲属制度，罗马人通过男性追溯血缘，而盎格鲁-撒克逊人既通过男性也通过女性来追溯亲属。罗马法赋予男性户主对女性和儿童有着绝对的权力，德国人的法律中没有这种父权制，他们给予妇女儿童独立和平等的权利。罗马人赋予父母和子女共同的财产权，而德国人则没有赋予子女固定的继承权。

很快，在教会的影响下，英国允许父母立遗嘱，将全部或部分财产留给任何他们想指定的人。儿童在很小的时候就离开家去另一个家庭工作或接受教育。也许除了贵族的婚姻重要外，大部分人的婚姻都是在爱的基础上缔结的。结婚后，这对新人将与父母分居。

罗马人有一套等级制度：贵族、平民和奴隶。德国人没有这种等级制度，但他们几个世纪以来都有奴隶。这种情况到了9世纪、10世纪就开始逐步消失，并没有被写入普通法。所以社会秩序都是可渗透的，例如财富可以买到贵族地位。

罗马人根据一套非常详细的原则设立了完善的书面法律体系。德国人则有强大的巡回法官，他们与当地人民（陪审团）坐在一起，管理基于先例、口头约定形成的灵活的基本法和习惯法。

盎格鲁-撒克逊人所创造的语言在语法和句法的深层结构上几千年来几乎未曾改变，除了一些小的修改以及加入新的词汇。与拉丁语和欧洲大陆的罗马系语言不同，它几乎不在意身份的差异，并且其中包含的性别差异很快也消失了。

罗马人有一套自上而下的中央集权政治制度，在后来的罗马帝国里，这种制度以中央独裁的形式表现出来。德国人在他们的征服过程中也实行了松散的联邦制或"封建"制。在这个体系里，上层和下层之间有契约关系，下层宣誓效忠和支持上层，以换取上层的保护和分封的土地。权力以分散的形式下放。

7世纪到9世纪，这一政治体系被运用于更大的王国。9

世纪，阿尔弗雷德大帝将整个英格兰统一，这是一个基于契约的强大王权。10世纪，在维京人的影响下，英国成了一个独立、富裕、统一的国家，有着特定的法律、政治和社会制度，并以海洋为界。

英国的政治制度在其皈依基督教之前就已经成型，因此当凯尔特传教士带来新的信仰时，教会的发展和王室是平行的，但并没有完全融合。因此那时就有相互制约的力量，一个是有权势的王室，一个是有权势的教会，此外还有不断壮大的商人和农业社区，以及强大的贵族。没有一种力量占据绝对优势。

同时期里，英格兰并不十分突出。西北欧大部分地区也都是类似的情况。例如，诺曼人，即第二代维京人，很难与被他们征服的英格兰人区分开来，苏格兰南部的大部分地区也是如此，还有法国北部，德国和斯堪的纳维亚。如果我们在11世纪末走遍欧洲，将会惊讶地发现它是多么的统一。然而，从12世纪开始，英格兰和欧洲大陆的大部分地区开始出现巨大的不同，在英国，上述特征被保留了下来，甚至被进一步强化。

随着以契约为基础的封建制度发展壮大，我们可以预期这些模式会在欧洲持续存在。事实上，它确实持续了一个世纪左右。从11世纪到12世纪，欧洲的快速一体化和壮大见证了这些分离和对立，以及生产紧张性的发展。弗朗索瓦·基佐（François Guizot）在他的《欧洲文明史》（*The History of Civilization in Europe*）中很好地描绘了这些。

这是一个黄金时代。其间，欧洲建立了世界上第一批大学，见证了本笃会和西多会的繁荣，亲历了第一批大教堂的修建，经历了古代阿拉伯学术的复兴，见识了城市和贸易的快速发展，人口的快速增长，以及新技术的引进（如风车和机械钟）。整个欧洲似乎都在向我们所谓的"现代性"迈进。

随后的13世纪到18世纪，整个欧洲似乎都朝着另一个方向发展。这是一个宏大的话题，因此我只会提到一些关键点。其中一个是国家和教会之间契约的兴起，首先体现在十字军东征以及法国南部对阿尔比派教徒的镇压，还有宗教裁判所的建立。在欧洲的大部分地区，教会和国家已经统一，共同抵御外部敌人和内部敌人。到了18世纪，各种"偏差"都得到了强有力的控制。但这一切并没有发生在英国。

在英国，身份群体和财产的法律差异正在逐步显现并日益制度化。这里有贵族血统，也有独立的受过教育的资产阶级，还有特殊的牧师阶级和广大的农民。农民拥有土地的制度在英国是不存在的，这并不意味着他们不想要离开他们的土地。当他们需要更多的土地时，他们会为更大的土地所有者耕种。

许多事情的发展进程可以通过对晚期罗马法的"接受"过程来考察。这强调了法律的差异性——阶级、性别、家族和王室。国王是确定无疑的，贵族是独立的阶层，男性本质上优于女性，父亲是孩子的绝对统治者，城市与乡村分离，宫廷与乡村也是分离的。

这几个世纪以来发生的事情就是一场冻结，一种日益僵化的状态。人们很容易将此归咎于可怕的黑死病，毫无疑问，它加剧了这一趋势，但也可能有双向的影响。在英国，它提高了劳动力价格，消灭了农奴制。在欧洲大陆的大部分地区，它将农民与土地更紧密地联系在一起。而在东欧，它预示着人口的第二次聚集。因此，欧洲大陆变成了一个巨大的、以农民为基础的文明。有文化的人和文盲、城镇和乡村、统治者和被统治者之间有着巨大的鸿沟。

显然，造成这种情况的一个结构性原因是欧洲大陆的陆地边界问题。基本上，统治者可以威胁不服从命令的人，将他们"扔"给掠夺性的外来者从而形成中央集权。为了击退邻近的敌人，国家必须配备一支庞大的常备军。这些都需要通过苛捐杂税和庞大的中央集权官僚机构来实现。没有和平，没有轻徭薄赋，也没有公平的行政和司法，这也与亚当·斯密的三个愿景相违背。民众常常坐立难安，挨饿受冻，被武力统治，武装力量、间谍和告密者掌控着一切。

这一切导致15世纪和16世纪的旅行者不再像三百年前那样认为欧洲是一个统一的大陆。在欧洲的沿海地区，也就是斯堪的纳维亚半岛、荷兰、葡萄牙和意大利，因为更容易抵御袭击，也就拥有更大的自由度和连续性。然而，在中欧大平原上，五分之四的人口陷入贫困，逐步陷入专制主义。

对英国来说，只有亨利八世曾试图在王室和教会之间建立牢固的联系，但最终失败了。到了14世纪，英国控制了法国大部分地区，然后又沦为边缘的一个小国，直到16世纪末才开始他们的海外扩张。

15世纪和16世纪的欧洲旅行者们，或者从英国到欧洲旅行的人，都对这个小岛与欧洲大陆的明显分割表示惊讶。因此，到了16世纪中叶，从英格兰（以及苏格兰南部和威尔士的部分地区）延伸到荷兰、斯堪的纳维亚和意大利和葡萄牙的一些地区是一个世界，而欧洲大陆的其余地区则是另一个世界。

此时英国这一边的世界已然是一个"现代化"的世界。也就是说这里的四个体系是制度化的、分开的。首先，这里有一个自主化的、制度化的经济体系（正如亚当·斯密认识到的那样）：市场运转良好，有大量的贸易，有发达的制造业基础，货币被广泛地运用，劳动者们有精确的分工。其次，有一个统一、自治和备受尊重的法律体系。再次，还有一个独立的政治体系，法律赋予王权，议会将权力下放给地方。最后，有一个高效和相对公平的税收体系。

在牛津郡和剑桥郡两地有着繁荣和自由的大学（苏格兰有四所）。随着交通、住房、服装、新食品和饮料的迅速改善，人们的生活越来越富裕，阶级之间没有法律上的区别，但是有着对金钱和地位的不断争夺。乡村各地普遍弥漫着与时间、金钱和地位相关的"城市"价值观，到处都是受过教育的富有绅士、小农和中产阶级"工匠"。

这也是乔叟，随后是莎士比亚在14世纪和16世纪中所描绘的世界。也是弗朗西斯·培根在17世纪初认为人类可以通过了解其隐藏的规则来控制大自然的世界。这就是英格兰，从17世纪起实际上是大不列颠，它不再寻求把法国纳入自己的帝国版图，而是探索与美洲和东方世界的海外贸易并从中获利。

在18世纪，这个岛上的居民开创了首个工业文明。这几乎是自定居农业以来对人类历史改变最大的单一事件。在农业方面它发展出了世界上最高效的系统。在18世纪末，英国正在有条不紊地朝着控制地球四分之一土地的方向发展。

这两百五十年间有很多不菲的成就：制度化科学的发展；造船、玻璃、陶瓷和纺织等各种技术的快速发展；风力、水力、动物、煤炭等取代或者补充人类劳动力的资源快速发展；沟通交流的成本随着运河、公路、铁路的发展而下降；大批的财富涌入这个国家，尤其是随着糖、烟草和奴隶贸易带来的利润。

到了18世纪初，英国不再让来访者感到惊讶，而是震惊了他们。他们发现了一个全新的世界，一个与他们所来的旧制度的国家几乎没有任何相似之处的世界。这似乎是一个非常"现代"的地方。它好像握有一把神秘的成功钥匙，并将其传递给它的殖民地和征服地。

这不是一个唾手可得的成就。如果用飞机的起飞来比喻，它需要很长的跑道，足够的加速时间和强大引擎提供的强大推力。回顾这段历史我们知道，英国足够辽阔，足够富裕，足够自由，足够实际，能够摆脱古典经济学家所描绘的并认为不可避免的农业陷阱。英国做了一件迄今为止人们从未想象过的事情。即使在一个世纪以后，到了19世纪中叶，很多像约翰·穆勒这样的哲学家仍然认为这是不可能实现的。

事情的特殊性显而易见。在欧洲其他任何地方或世界其他地方，都没有发生这种"逃离"的迹象。事实上的情况正相反。唯一可能的候选者是荷兰。但是它太小了，太容易受到陆地的影响，太依赖商业而不是制造业，最重要的是，它缺乏煤炭。而英国是一个高水平的商业帝国，与威尼斯或其他早期成功的意大利帝国相似，但规模更大。

亚当·斯密编写他在1776年发表的《国富论》论文时，已经集齐了打开密码锁的各个要素。在其他方面，他解释了为什么人类已经达到了增长的极限，其中也解释了一些可以让我们在有限的世界中挤出一点额外财富的条件。

但具有讽刺意味的是，最终用来打开这扇门的，是在格拉斯哥大学与亚当·斯密位于同一走廊上的詹姆斯·瓦特改良的蒸汽机，这将更有效地释放储存在煤炭中数千年的阳光的能量。

英国在这一点上的领先优势是如此的巨大，以至于在技术方案广为人知、丰富的煤矿和铁矿可以开采以后，其他的欧洲国家直到两代人以后才开始工业化进程，欧洲之外的北美追随者们和日本要一直等到三代人以后才开始他们的工业变革。现代世界从英国向外传播的故事复杂且有趣，但是我们只能寻找其他机会来讨论了。

****

当今世界的组成成分来自全球各地。我们有必要引用拉尔夫·林顿（Ralph Linton）的叙述，他通过想象一个美国公民的一天是如何开始的来解释我们的物质文化是如何从各地吸收一小部分的。

　　一个土生土长的美国公民在一张源自近东模式花纹图案的床上醒来，但是这个纹案在传播到美国之前，在北欧进行了修改。他掀开的被子可能是印度产的棉花制成的，也可能是近东产的亚麻或者羊毛，或者是中国发明的丝绸。所有这些材料都是由在近东发明的生产线进行纺纱和编织工艺来制成的。他穿上他的软皮鞋，这是由东部林地的印第安人发明的，然后去了浴室，浴室的固定装置是欧洲和美国发明的混合，都是最近的发明。他脱下了他的睡衣，源自印度，用古代高卢人发明的肥皂洗澡，然后刮胡子。

林顿继续这样写了四段类似的描述，在结尾处写道：

　　他一般一边抽烟，一边读着当天的新闻，上面印着古代闪米特人发明的文字，印在一张由中国发明的材料、德国发明的工艺制造的纸上。如果他是一位优秀的保守公民，他会在读到关于外国人的麻烦的叙述时，用印欧语感谢一位希伯来的神灵，让自己是一个100%的美国人。

尽管这一切都是事实，但世界上的许多发明确实是在一段时间内通过一个小岛汇集而成的，然后通过它的殖民地，特别是北美，传播到世界各地。作为一个英国人，也许不应该自夸，但正如一位西班牙学者阐述的那样"我们都出生在英国制造的世界，在这个世界中，我们步入老年时，我们的子孙也会如英国人一样，就像古希腊世界中的希腊人，或者更好一点，雅典人"。

工业革命、农业革命、民主政治模式、英国法律中众多法规、现代科学的许多方面，以及包括铁路在内的一些重要技术被认为是英国重要的"出口"品。英语也很重要，杰里米·帕克斯曼（Jeremy Paxman）认为英语是"最伟大的遗产"，"它是技术、科学、旅行和国际政治的媒介。应用在全世界四分之三的邮件中的是英语，应用在五分之四的电脑数据中的是英语，世界上三分之二的科学家使用的也是英语……世界上大概四分之一人口也会在某种程度讲英语。"

其他人或许会争论说，英国的游戏和体育（之前已列出）是英国重要的"出口"品，而有些人则会认为是英国的教育体系或文学。除此之外，人们可能也会想到许多其他事情，如帕克斯曼列出的一些事例，也十分令人惊喜。

英国人发展了现在的足球、橄榄球、网球、拳击、高尔夫、赛马、登山和滑雪。英国人通过《大世界之旅》（*Grand Tour*）和《托马斯·库克的第一次跟团游》（*Thomas Cook's First Package Tour*）开创了现代旅游业。英国人创办了第一家现代化豪华酒店（拥有电灯、6部电梯和70间客房的萨沃伊酒店）。在19世纪20年代，查尔斯·巴贝奇（Charles Babbage）设计了第一台计算机。作为电视发明者之一的苏格兰人约翰·洛吉·贝尔德（John Logie Baird）在伦敦的一间阁楼里举行了第一次公开展示。三明治、圣诞贺卡、童子军、邮票、现代保险和侦探小说也都是"英国制造"的产品。

也许最大的遗产不依附于任何具体的东西，而是存在于我们生活中的人际关系中。我认为现代性以及现代化的自由和利益都来自我们生活中各个部分的分离和平衡所产生的永无休止的紧张中。英国是第一个无人控制，且成功将国家、教会、家庭和经济的需求平衡的国家。由此产生了个人责任和自由，同时，也产生了无休止的矛盾和骚乱。英格兰的巨大贡献也是证明了一片混乱、骚乱、矛盾和悖论也应该受到欢迎。

20世纪中叶，生活在英格兰的荷兰学者约翰·赫伊津哈（Johan Huizinga）试图理解他所移居的国家特点时，"我很快地意识到，对英国人进行概括是愚蠢的，这里至少有两三种，甚至更多种，截然不同的英格兰人，他们明显的不同不仅仅是阶级问题……"因此，他赞许并引用了另一位在20世纪长期研究英语的德国人保罗·科恩-波海姆（Paul Cohen-Portheim）的话：

> 我们每一步都在面对无穷无尽的矛盾，我们要了解这个国家是如何成为世界上同时最具贵族气息和民主的国家的……中世纪骑士精神和商业精神如何在其中相互冲突的；市侩的英国人与想象力丰富的英国人，以及店家与征伐者是如何抗衡；乔治·拜伦（George Byron）的浪漫主义以及像透纳和威廉·布莱克（William Blake）那样的狂热天才是如何在这平凡而现实的环境中涌现出来的。

英格兰人很幸运，但他们并不比我们其他人好（如站在我的另一个祖先，苏格兰人的角度来说），更不用说与更广阔的世界中的其他人来比。他们通常带有压迫性，但也为我们打造了通往现代世界的桥梁，虽然这曾是建立在对不列颠群岛其他民族，以及世界各地的奴隶和工人的压迫基础上的。如果英格兰不复存在，也没有将经济、社会、政治和宗教分离开来，那么就很难想象现在在这个繁忙的世界中，我可以在剑桥沼泽区安静的花园里坐在电脑前写下这篇文章。

英格兰和联合王国的时代也许正在成为过去，但它们也是未来的一部分。中国、印度等国家将会更有力地承担责任。在现在的世界中，英国人的特性已成为全世界的特性。

下 篇

我们为什么要了解英国人

或许有读者会发问，排除单纯的好奇，抑或想要或需要在英国、同英国人打交道外，我们何以在今天去了解英国人呢？诚然，英国在历史上一度成为世界最大的帝国，但那已是过去时，现在的英国人只是欧洲大陆边缘一支人口不多的民族。是英国在联合国安理会等国际组织中仍举足轻重吗？不，人们想要了解英国的原因远不止于此。

实际上，世界上任何人，尤其包括美国在内的前大英帝国的殖民地区的人，都需要了解英国以了解我们生活的现代世界。这是因为在过去的半个世纪里，来自这座小岛上的人们奠定了世界现代性的基础。这些思想通常来源于英国以外的国家，但经过重塑，由大英帝国传播到世界各地。维利兹在他的书中点明了这一点，"可以这样说，我们和同时代的人，无论国籍和居住地为何，都出生和生活在同一个由英国缔造的世界里……"

议会制、代议制、民主制度产生于英国，成为世界上许多人民理想中的政治形态。世界上占主导地位的政治思想也来自英国。马克思有关共产主义的部分著作是在大英图书馆的阅览室里书写的。

世界经济体系的核心部分，市场资本主义，在英国发展了几个世纪。私有财产、银行存款、多功能货币、股票债券、自由贸易、经济体与政治、宗教及家庭分离等思想均出自英国。前三位伟大的古典经济学家亚当·斯密、托马斯·马尔萨斯（Thomas Malthus）和大卫·李嘉图（David Ricardo）都在英国工作。

英语依然保持着国际语言的地位，这一直以来推动了英国思想以及英国文学的传播。全世界研究英国作家的诗歌、小说、散文，以及儿童文学的大有人在。

现代世界的基础则是另一项英国发明——工业革命，用化石燃料驱动机器及后来的种种技术取代了人力和其他自然动力。这场革命延续了英国利用风能、水能、动物等非人力能源的悠久传统，并通过农业革命将其与系统化、科学化的农业相结合。近年来，从巴贝奇、阿达·洛芙莱斯（Ada Lovelace）到艾伦·图灵（Alan Turing）、蒂姆·伯纳斯·李（Tim Berners-Lee）和索菲·威尔逊（Sophie Wilson）的英国科学家们开启了计算机和人工智能领域的新技术革命。

至于科学技术的其他领域，培根、牛顿、卡罗琳·赫歇尔（Caroline Herschel）、达尔文、罗莎琳德·富兰克林（Rosalind Franklin）、克里克和沃森等英国思想家都为当今世界作出了巨大贡献。

在组织机构方面，英国人发展了遍布全球的慈善和社会机构，被联合国引用的"国际联盟"设想也出自英国。

英国最大的文化输出之一还是在休闲领域。不仅仅是足球、板球和橄榄球这些重要的团队运动，许多其他运动及休闲方式如攀岩、赛马、游泳的形式和规则也在英国确立。

运动赛事在英国的兴起一定程度上受益于俱乐部和社团的广泛发展，这种小团体由志同道合的人们组织起来，聚集人力和财力来追求一个目标。加之地方政府下放的自治制度，这些独具英国风格的俱乐部、酒吧或小酒馆，共同筑起自由的基石。他们为公民个人创造的有力保护，我们称之为"公民社会"，又是一项英国发明。

这些俱乐部和信托团体的另一种形式塑造了英国的教育体系。英国青年寄宿学校是英国最古老的社会机构，已有1400年的历史。其模式后来在英国名校及大学间蓬勃发展，今天依然吸引着大量的学生和模仿者，并影响了美国和其他地方的教育发展。

学校带孩子们离开家庭，走向更广阔的社会天地。随着离家的孩子们成为独立的个体，自由地选择自己的终身伴侣，在浪漫的爱情之上建立婚姻关系，便形成了影响世界的"小家庭"制。

以上无意贬低其他任何文明的贡献。事实上，也有观点认为英国文化和其他文明体一样，是阿拉伯、印度、中国或荷兰文化的混合体。然而在最近几个世纪里，从这座小岛上走出了通往现代世界的道路，这是不争的事实。因此，如果我们希望理解自己所生活的地方，与英国礼尚往来，不妨花点时间和精力来了解英国人。

英国人为什么如此费解

著名政治理论家托克维尔在为美国、法国和英国研究著书时，发现他很容易理解美国——那些近代以来的、基于若干简单原则的对称布局。法国更复杂一些，但他依然能够写清。然而在写到英国时，尽管他曾多次游访英格兰并娶了一位英国妻子，却依然难以理解这个国家。他写道：

> 一个相当愚蠢的哲学家才会以为自己能够在六个月内理解英国。用一年的时间来认识美国对于我而言尚且太短，而相比大不列颠而言，形成对美国清晰的认知和精确的概念还是容易得多。

那么，英格兰是一座小岛，有着统一的语言、法律、经济和政治体系甚至天气，为什么会如此费解呢？

造成这一困难的原因有很多，一定程度上可归因于英格兰是一座中等大小的岛屿。这种岛屿作用是确实存在的，我这里写的部分内容也适用于日本，另一个难以理解的国家。

英国和日本都被海洋所护卫，因此在历史上鲜少被征服。诺曼人最后一次征服英国是在1066年，并开始被盎格鲁－撒克逊人的人口和社会模式吸收同化。再加上两个岛国文明都没有发生过重大的颠覆性革命，展现在我们眼前的英国和日本的文明之树在一千多年的时间里已盘根错节、枝繁叶茂。旧的模式被修改、部分被覆盖，但不曾被系统地抹去。妥协不断发生，在进化而非革命中，一个孩子成长为大人，却保留了孩子的大部分。

这导致的结果是无数的反常、矛盾、冗余、零七八碎甚至粗制滥造的东西也被保留了下来。这些在公共礼节和仪式中尤为明显——加冕典礼、王室婚礼、议会开幕或是学位典礼。所有令人费解的事充斥着生活的方方面面，其他国家的人则不断被某个看似毫无意义、模棱两可的风俗禁忌所迷惑。

更让人费解的是英国文化的习惯性和口头化。英国法律是基于习惯与先例的普通法，英国文化中有许多心照不宣而从不正式明确下来的东西。从没有成文的宪法到先例的重要性，英国人知道如何通过实践、通过长期的社会化而非清楚明了的准则来驱动英国文化的前行。

因此，就像他们令人困惑的语言和语法一样，英国人知道什么时候事情看起来是对的还是错的，但他们往往无法解释原因。这样一来，写一本英国文化指南几乎是不可能的事，因为它是如此深奥却又模糊不清。这类似于法国人所说的习性（habitus），许多思想和行为由此而生，其本身却无法直接描述或触及。

还有另一因素造成这种困境。英国性，抑或说英国带给世界的现代性的本质，是建立在从未解决的对立和矛盾之上的。这是英国自由、生机勃勃、富有创造力和魅力的真正原因，同时也很难理解。

这种内在矛盾和反常的存在使很多审视英国的人感到惊奇。爱默生在《英国人的性格》（*Traits*）中写道，"英国的多重性格揭露了其复杂的起源。英国的一切都是遥远而对立元素的融合"，又对于英国的反常性补充道，"……但是英国却正因这些矛盾和反常而存在……从头到尾，这就是一座关于反常的博物馆。"乔治·奥威尔（George Orwell）从另一角度指出这一点："英国人是象征着现实与幻想、民主与特权、虚伪与正直的奇怪混合体，正是通过这种微妙的折中平衡，这个国家才得以保持其熟悉的形态。"

总之，正如苏格兰哲学家戴维·休谟观察到的那样，所谓英国的民族认同感是不存在的，除非将没有统一性看作是一种本质上的身份认同。休谟认为：

> 我们常常会谈论在同一个国家里行为和性格的
> 完美结合……英国政府是君主、贵族与民主的结合
> 体。当权者由绅士和商人组成。所有的宗教派别都
> 可以在他们当中找到。每个人都极大地享有自由和
> 独立，每个人都能展现出自己独有的风度。因此，
> 在世界上的任何民族中，英国人的民族性格最少；
> 或是这种异常反而被看作是他们的民族性。

解决理解英国根本矛盾的困难，可以从人类的四大驱动力入手，即对权力（政治）、财富（经济）、关爱（社会）和意义（宗教思想）的欲望。在大多数社会里，这些欲望通常在家庭内部发生重叠。因此，在这些社会中，家庭、宗教、工作和政治之间没有根深蒂固的抉择或冲突。

在英国和世界上其他地区的现代化进程中，文明的基础是个人而非家庭，个人必须在多方力量的拉扯中找到个体的平衡，其中充满了选择、取舍和牺牲。宗教徒牺牲财富和家庭，商人可能牺牲家庭和道义。我们或许会面对孤独、矛盾、不确定性和无尽的挣扎，但终将获得解放和自由。

许多人为了尽可能多地实现这几种欲望，一生都在不断

地奋斗，也没有得到最终的满足。这种永无止境的、高度的个人拼搏，也意味着奋斗方向的不断变化，英国人因此有了虚伪多变的名声，被称为是"背信弃义的阿尔比恩"。这也关系到结构化竞争的理念，尽管规则是同一套，但这场复杂的游戏中，政治、市场、法律以及对真理和美德的追求都是英国文化的核心。

这样一来，当有人研究英国体系里的任何一个部分，都可能会得到截然相反的解释，而这种情况也出现在日本。英国人平和、冷静，有教养，遵纪守法，热爱诗歌、园林和友谊；但在国外又会好战甚至有侵略性。

英国人强调穷人与富人、女性和男性、儿童与成人、黑人和白人都是平等的。但他们同时又拥有世界上最庞大的阶级体系，还曾经大量进行奴隶贸易。

英国人对宗教有着浓厚的兴趣，他们的诗歌、哲学、小说、艺术甚至建筑仍深受基督教的影响。然而对于上帝的理解，英国人却无法达成一致。就是说在英国，教派（宗教团体）的数量和法国的烹饪方式一样多，而烹饪调料倒是和法国的教派一样，只有一种。"唯一被普遍认同的一点是，几乎每一个英国人都持有不同的信仰；每个人所信奉的都有其独特之处。"

所以宗教虽然无处不在，却完全属于私人领域，在礼节性的社交中不便多谈。尽管世界各地的传教活动都曾受到英国的影响。

再者，早期的英国曾是深度的工业化、城市化文明，肮脏、污染严重，对自然界的控制达到了前所未有的程度。与此同时，他们又以热爱自然、花园、动物和荒野而闻名。这些外人难以理解的矛盾之处，简直数不胜数。

由于篇幅有限，我只能列举一二。当我还是从印度回到英格兰读寄宿学校的孩子时，我不得不学会如何成为一个真正的英国人——不仅仅是那个远古部落里的神话和仪式，还有支配和塑造了人际关系的游戏、社会规则及文明准则。我在实践中学习消化这些，就像我要学习游泳和骑自行车一样。

在这本书里，我会试着忘却，或至少把我学到的东西带回到问题的表面。这很难，但人类学家的身份让任务稍微容易了一些。在对尼泊尔、日本和中国的多次访问中，当我将自己的思想和行为放在其他文化的背景下时，那些从我的社会体系中看不明白的事情便逐渐明朗了起来。所以，或许我写的一些东西会帮助大家对英国的种种谜团多一点理解。

还有最后一个问题需要解释一下。那就是读者需要知道英国人是哪些人，这本书是关于谁的？

几个世纪以来，英国都在以战争或和平的方式吸收着来自其他文化的人们。因此"英国人"一直是一个混血民族。从18世纪中叶到20世纪中叶的两个世纪里，统治着世界上许多殖民地的英国充斥着各种思想和产品，以及来自世界不同角落的人。这是一个世界性的文明。

讽刺的是，第二次世界大战后帝国的衰落不仅没有减少反而增加了思想、商品和人口的流入，今天的英格兰与四十年前确实已大不相同。截至2019年3月，英格兰和威尔士的5 600万人口中白人约占4 825万（86%），而其中至少有100万来自欧洲，其余有约425万来自亚洲，186.4万黑人和122.4万混血人口。

虽然白种"英国人"仍然是大多数，但英国还有许多其他相当大的社会群体。即使是我所在的偏远的沼泽地带的村庄，过去三年里我也注意到有世界各地的人来这里居住。来自其他文化的移民在饮食、服饰、音乐、语言和宗教等方方面面改变了"英国人"这一群体。

因此，试图把真正的、地道的"英国人"和"外国人"区分开来是不可能且徒劳的。最好的方法就是把英国，包括英格兰，当作一幅复杂的图画或拼图整体考虑。这幅画由无限的色彩变化和造型组成，但最重要的是，这是一幅完整、统一的图画。

以上这些对于阅读这本书来说非常重要。每一个人对

"英国人"都会有不同的认识。我的看法仅反映了我个人有限的经验——基于我的性别、阶级、教育、职业和1941年至今的生活阅历而言。我仍在阅读和研究历史与人类学，在从尼泊尔、日本和中国对英国的外部审视中，探索扩展这种个人的经验。

或许会有人自然而然地看到"英国人"的另一面，发现我写的部分内容过于理想化、过于简单、片面，甚至有些过时了。无论如何，我们能做的就是如实记录所见所闻，至于对理解和应用在日常生活中有多少帮助，都要留给读者来决定了。

了解英国的A-Z

A

业余人士
Amateurs

　　大多数文明和社会都会确保重要的职位由训练有素的专业人员担任，并为这项工作做充分准备。并且他们相信，专业人员为此付出的巨大努力应当得到直接的回报，最好是金钱或其他物质奖励。英国的"业余文化"却与这种普遍观念背道而驰。

　　当然，英国人也接受专业的训练。但是大部分英国的教育旨在培养人能够轻松地从一种技能活动转换到另一种技能活动。一个极端的例子是他们的政治体系，在英国的体制中，一个人可能这一刻还掌管着庞大的卫生或教育部门，第二天就调任交通或法律部门。英国人普遍认为，几乎任何人都能做任何事，运用个性和常识在几天之内就可以掌握新的技能，然后很快"在工作中学习"。

同样，尤其是在体育赛事方面，英国存在一种业余者狂热。在过去很长一段时间里，尽管情况在最近几十年里已快速变化，人们是为了社交和强身健体，而不是为了钱才从事体育。在许多法律系统（地方法官）、行政部门（地方政府）和其他体制部门内，工作都是由无报酬的业余人员完成的，他们没有受过专门培训，只要办事有效就能上任。

理解这种业余特征，在考虑如何与英国人处事时显得十分重要。他们欣赏多面手、欣赏头脑机敏灵活的人，换句话说，欣赏那些肯在没有金钱回报的事上花费精力的人。狭隘、迂腐、过于专业化、唯利是图的人则不被欢迎。

古董
Antiquities

古董即旧东西，大到建筑、小到家具或珠宝。英国人对这些旧东西的热爱常常让来到英国的游客感到震惊。英国人还写了一本名为《生活在一个古老的国度》（*On Living in* an Old Country）的书并为此感到自豪。古董不仅出现在他们古老的教堂、房屋、林地和公园里，有时也是人们的私人物品。

在很多文明中，如在美国，无论是汽车、手机还是艺术品，都是最新的东西会引来称赞甚至嫉妒。有些来到中国的英国人看到一些历史建筑被千篇一律的高楼大厦所取代，会感到难过。这些游客还会发现，几乎到处都没有旧货或古董店，除非他们有幸参观到一些家庭的收藏。

英国人保留着他们的各种旧家具、装饰品、艺术品、雕塑和玻璃器皿，并非常乐于向家里的客人介绍这些传家宝或是收藏品。关于这些零七八碎的旧东西的电视节目，比如《鉴宝路演》（Antiques Roadshow），在英国大受欢迎。许多英国人的阁楼和车库里都堆满了一箱箱全家人不愿意扔掉的旧东西。正如卡默茨（Cammaerts）所说"这种存放箱子或旧家具的房间不仅是英国家庭的特点，而且体现在英国机构中。在英国对任何事物的'报废'都会出现反对的声音。过去的传统、头衔和服饰格外受到尊重。它们或许已经变得毫无用处，但即使它们不会带来什么好处，也没有什么害处，而且，谁知道呢，这些旧事物总有其诱人之处。"

向前看的文明和向后看的文明之间存在如此巨大差异的

原因，需要一本书来说明。然而，一些背景原因是显而易见的：长期和平稳定的历史，有保存文物的良好条件，相对富裕，表现在物质上的阶级意识。在英国，一定要记住这点，"旧的就是好的"，"新的需要警惕"。

如果一个事物在英国不得不是新的，那么它最好看起来尽可能古老，比如新哥特式艺术。英国人都是"发明传统"的大师。许多看似古老的东西实际上不是重新创造的，就是旧瓶装新酒。成为一个地道英国人的必备技能之一，就是鉴别真"古董"和假"古董"。

泰然自若
Aplomb

泰然自若一词源于法语中的"à plomb"，意为"以铅垂线为基准"（铅垂线是建筑和其他制造业中确定垂直的工具），在英语里被赋予了另一重含义。它的意思是在干扰或挑战下保持镇定、保持不变。尤其是在困境中，这种品质又与自信相关联。与其含义相近的词有胸有成竹、沉着冷静、从容不迫、处变不惊、心平气和、无动于衷等。泰然自若中常常带有幽默，包括自嘲的幽默。

许多著名英国书和电影中的主人公都展现出这一性格特点。童话故事里，仙境中的爱丽丝、小淘气威廉和他的朋友们、寻找魔戒的比尔博·巴金斯、对抗伏地魔的哈利·波特都具有这种品质。在《银河系漫游指南》（*The Hitchhiker's Guide to the Galaxy*）中，泰然自若更是福特·普里弗克特（Ford Prefect）和其他角色的核心。

这种品质在英国历史上占据重要地位，远在英国本土的帝国统治者之所以得到世界的臣服，不是出于恐惧，而是他们泰然自若的态度赢得了信赖。作家鲁德亚德·吉卜林（Rudyard Kipling）在他脍炙人口的诗歌《如果》（*If*）中早已赞扬了这一品质——

> 如果周围的人毫无理性地向你发难，
>
> 你仍能镇定自若保持冷静；
>
> 如果众人对你心存猜忌，
>
> 你仍能自信如常并认为他们的猜忌情有可原。[①]

英国的教育体系通过游戏和非正式活动将泰然自若的品质灌输给下一代。现在当我回顾我的教育时，我一次又一次

---

① 李雪译，选自金城出版社《成功的魔法种子》。——译者注

地看到，自己从身边其他人身上学到了这种品质。

毕竟，泰然自若不是靠教就能学会的东西。相反，你是通过观察和实践在不经意间习得了它。首先表现出来的是自信和幽默，然后才能从容不迫地面对挑战。伊德里斯·沙赫（Idries Shah），一位观察英国人的阿富汗人，在《黑暗的英格兰》（*Darkest England*）记述了他是如何意外获得这种能力的。

> 在伦敦的一次外交场合，一个英国人走近他，问：
> "你是特立尼达人吗？"
> "其实不是，你呢？"我回答说。
> 他看了我一会儿，先是有些迷惑，随后感到恼火。"特立尼达人？"他厉声说，"我当然不是了！"

即使是英国人在泰然自若的游戏中也可能被一个外来的阿富汗人打败。

B

讨价还价
Barter

当英国人在中东和印度的大部分地区走进一家商店时，他们会吃惊地发现商品并没有固定的标价。英国人习惯了这样一个世界，没有人会为了让买方提高报价或让卖家低价出售而讨价还价，而这个世界已经存在了至少一千年。在英国，当你来到一家商店或一个摊位，或是订购货物时，只需询问价格，如果想要就付款。这是亚当·斯密在《国富论》中所描述的世界，至今仍然广泛存在。

这与所有商品都是弹性价格、交易协商依靠人际关系、商品需求取决于交易者当时想法和讨价技巧的情况大不相同。

两种方式的差异反映出的是高度管制经济与非正规经济的区别，是高度货币化经济与货币部分渗透、社会关系占主导地位的经济之间的对立。这是两种社会的分别，一种是在一个集市或市场中，有许多相邻的商贩售卖一系列同质的商品；另一种是英国更专门化的商店经济，在一个村庄里可能只有一家面包店、一家肉铺、一家蔬菜店——在这里讨价还价是没有意义的。佩基奥伯爵（Count Pecchio）在观察"英格兰没有讨价还价"这一现象时提出了其他原因。每件商品的价格都是固定的，这种习俗不仅是竞争和信任的产物，而且是节省时间的必要条件。

这在现实中的影响是当你在英国试图讨价时需要慎重。一些店主可能会接受砍价，特别是在露天市场和一天结束时。但在大多数情况下，如果你提出价格可以商量，他们会吃惊甚至愤怒，这是在质疑他们的能力和尊严。总之，如果你想讨价还价，一定要当心。

牛肉
Beef

尽管英国的餐馆和家庭现在提供的食物已经相当国际化，一些游客还是觉得传统的英国菜太过单调甚至难以下咽。标志性的英国菜就是一块烤牛肉，有时配有约克郡布丁（一种油酥点心）和一些煮烂了的蔬菜。肉在饮食中占比很高，水煮蔬菜特别是马铃薯、胡萝卜、芜菁甘蓝、甜菜根、欧防风等根茎类蔬菜次之。菜名也不大讨人喜欢，比如"裹面糊烤香肠"（toad in the hole）或是"卷心菜煎土豆"（bubble and squeak）。布丁一般很粗糙，甜得要命，名字也很奇怪，如"葡萄干布丁"（spotted dick）。这些的餐后甜品则是"真不幸"（hard cheese）。

对于那些从主食是米饭或面食的地方来的人而言，蔬菜通常要添加调料翻炒，是一餐中的重头戏，他们实在很难接受这些英国食物。

而这种饮食体系背后的原因显而易见。英国人一直以来拥有庞大的畜牧业、养殖业、农业，生产大量的肉制品（羊肉和牛肉）。大量的牛奶被生产出来，制成黄油和可以长期保存的硬奶酪。许多乳糖不耐受的游客都不能食用这些奶制品。英国人还在肥沃的土壤里种植了大量的根茎类蔬菜，人和牲畜都可以食用，还有利于耕地的休息。

苏格兰人的食物同样不太友好：早餐是难吃的粗粮（如燕麦）粥，传统的吃法是加盐，他们的"国菜"叫作哈吉斯，用剁碎的羊内脏包在羊肚中煮成。

现在情况已大为改观，游客能够吃到全世界的食物，就算是英国菜，炸鱼薯条这一道足可以和世界上任何美食一争高下。

啤酒
Beer

每个国家都有自己的"国酒"，间接影响了其民族的性格。日本的清酒、苏格兰的威士忌、法国或意大利的葡萄酒都塑造和反映出某种性格特点。这里面的联系非常有趣。比如，德国北部、荷兰、斯堪的纳维亚和英格兰这些喝啤酒的地区，正是基督新教派繁荣的范围，而葡萄酒则对应天主教。

早在16世纪初，为了防止传统麦芽酒变质而添加了啤酒花和抗菌物质的啤酒就在英格兰广泛流行。英格兰农业富饶，一半的粮食产量都是被当地人"喝掉"的。因为啤酒中含有有益的微生物，以及人们不怎么喝受到污染的水，因此健康状况得到了改善。

啤酒传统上是小作坊生产，通常由寡妇或相对贫穷的家庭经营。妇女的经济地位从而得到提高。喝啤酒最好是大家一起享用一桶，因此啤酒店、小酒馆和酒吧在英国比比皆是。大多数英国的村庄都有不少这种一起喝酒的小地方，邻居们在这里相聚，客人和旅人也可以在这里休息。里面气氛开放，充满了政治和其他谈论，人们因为啤酒而走到一起，形成友谊和非正式联盟，或者说是俱乐部。几个世纪里，这些小酒馆甚至是大型的旅店通常都由女人来经营，女人也是店里的常客。这与欧洲传统上只对男性和当地熟人开放的咖啡馆截然不同。

任何来到英格兰的游客都大可以尝试一下这种温和不易醉的健康社交饮料，为当地人买上一杯，与陌生人聊聊天。去这些小旅馆和酒吧探店，你能了解到很多东西。几个世纪以来，英国人的社交、思想和当地政治生活都在这里发生，侦探和科学家在这里换换脑子便解开了谜团。

脱欧
Brexit

这个话题可能只在几年之内引起历史的关注。然而在最近，这却是个巨大的问题和不安的根源，不仅对那些观察英国的人，对英国人本身而言也是如此。我们都在问，我们是如何陷入这场混乱的，又是如何走出的？

造成这场困境的既有历史原因，也有直接原因。本书认为大部分原因是英国与欧洲之间根深蒂固的历史和文化差异。这种鸿沟在近两代人中已经大大减弱，但仍有人们感到英国人在传统和文化上与海峡对岸的人有着很大不同。这使得很多人想要保留这种差异、特殊的法律、独立的政权、文化和身份。而所有这些似乎都在受到全球化的挑战，由此导致的焦虑和反抗情绪不仅在英国，也出现在世界上许多地区。

更直接的原因是，许多在公投中投票支持脱欧的人，他们的生活正被快速的技术变革所侵蚀，尤其是自动化和人工智能的发展。这加重了他们的绝望感。而主张退出欧盟的人提出的崭新图景，更多的机会、重返满意的工作，使很多人相信了这些承诺。这样一来，他们只是在做英国人每四年都会做一次的事情，投票反对目前的执政党，把他们赶出去，希望下一届会更好。这就是民主选举的意义所在。

不幸的是，由于几乎没有全民公投的经验，许多人并没有充分意识到这不同于一次大选——如果结果不满意，还可以反转。这不是替换高层球员的问题，这是改变游戏基本规则的问题。就像是从板球换到了足球，而不仅仅是选择另一个教练或队长。

随着可能的结果和全面影响的显现，很多人相信务实的英国人可能会找到当前困境的出路。他们在历史上这样做过很多次。英国人讨厌所有二元决定而更偏向于介于中间的选择。折中是英国人的核心特质，不断地被他生活的分裂世界拉向相反的方向。正如脱欧可能的结局一样。

贿赂
Bribery

贿赂可以被定义是为了好处收买。收买不一定要用钱，好处可以有很多种：许可证或执照、政治干涉、学历或是亲属的升迁。当然，贿赂随处可见，从儿时起我们就受到父母的贿赂并试图贿赂他们。这常常是间接发生的：我给你儿子上课，你给我一张歌剧票。

然而，相对而言"没有贿赂"的国家和地区—— 一下子能想到的有斯堪的纳维亚、荷兰、英格兰——和大多数国家相比，区别在于贿赂的程度。在一些情况下，生活中许多美好的东西，如健康、财富、教育、政治安全——只能通过行贿和受贿来实现。

当严重的贿赂被发现时，一般使用的术语是"腐败"，字面意思为一种存在对另一种的侵蚀，比如锈蚀金属，或是细菌入侵健康的身体和植物。

几个世纪以来，英国相对而言都没有贿赂。试图贿赂官员、警察、医生、教师和其他人员不仅没有必要，而且会适得其反。试图贿赂当权者——政客和官员不是明智之举。即使是上帝，在新教教徒看来，也不受香烛或参拜的贿赂。

因此在英国，明智的做法是谨慎避免任何贿赂的行为。

当然，你可以互帮互助、礼尚往来。你对朋友、熟人、学生或邻居施以帮助，他们也会在别的事情上帮助你。但即使是这种情况你也要小心一点，因为事事有严格的规则，一旦越过某些界限，引起的名誉损失可能是灾难性的。

官僚制度
Bureaucracy

"寮"（bureau）是指有洞窗和架子的柜橱或阁间，机构组织的文件可以在里面归档。这是"官僚制度"（bureaucracy）一词的词根，或者，像我八岁的英国外孙女说的那样，官僚主义就是"在办公室里发疯"（bureau-crazy）。

外国学者在18世纪和19世纪的观察结果是英国相对没有官僚制度。官僚制度的意思是，建立由专门培训的受聘官员组成的政府和其他机构，官员执行政府的指令。他们根据精心制定的规则文件工作，听从上层的方针，目标是做出严格公正的决策，保证条文客观、办事透明。

有一次，一位日本访问学者来问我，剑桥大学学者的生活管理手册可以在哪里查阅，让我意识到了我们所处体制的不同。据他说，当他接手一份工作时，他都接收一大份印好的文件，并需要记下里面的内容。我回答说我们没有这样的东西。同样，英国的政治也没有一个核心，即成文的宪法。在我受聘大学终身讲师，或成为剑桥大学研究员时，给我的指示都只有两三行，列出了我的合同条款。

这让我审视了一番英国的大多数机构是如何组织起来的，然后我意识到，在所有的职业和政府中，大量工作是基于习俗、"常识"、信任、自由给予的时间及自治上完成的。教师、医生、律师、政客，军人等在机构里工作的人不仅要做他们专业的工作，还要在几乎没有报酬的"官僚"的情况下运营自己所在的机构。这种俱乐部氛围当然也有不利的一面——有时被用来排斥女性、少数群体和年轻人。

在过去的三十年里，教育、医疗、法律、地方政府等各个行业的官僚化程度都在急剧上升。现在感觉英国人为了追求一种模糊的透明、平等和责任，似乎陷入官僚主义之中了。然而，旧的信任和常识体系碎片依然存在，来到英国的人可能会感到惊讶，因为他们不用填写复杂的表格，又或是要无休止地等待官僚。你会发现人们做出决定时便做好了承担个人责任的准备，而不参考任何手册、不与上级核实、也不认真写下来以防将来发生争议。

C

仪式
Ceremony

英国人不仅在大型的活动场合，诸如王室婚礼或葬礼上，表现出他们对仪式的热忱。在很多体育、军事或教育活动中，人们盛装打扮，发表演讲，用讲究的步伐和姿态。在印度和大英帝国的其他殖民地区，英国人用这种行为给当地人留下了深刻印象，并且至今仍享受着仪式带来的乐趣。

当然，所有的国家都举办仪式。但其中大多数的首要原因是宗教信仰，比如带有虔诚参拜行为的、携宗教人物游街的普陀和神道节日。在这些仪式中，特定风格的服饰和姿态被相信能带来好运和健康，得到精神愉悦。这些仪式是有目的作用的，为了获得好处而举行。

英国高热度的仪式活动不同寻常之处在于它不是宗教性的，而是社会活动——展示权力、阶级或身份的转变（从未婚到已婚，从学生到文学硕士）。

在英国社会，个人主义以及个人与社会群体之间的巨大差异暂时还被有意停留在一种和谐统一当中。这些仪式就像一支庄严的舞蹈，每个人在其中都各就各位，各司其职。无论是对于演员还是观众而言，都有着引人入胜的满足感，某种程度上这是另一种团队游戏，个人融入了更大的自我当中。

圣诞节
Christmas

每一种文明都有其万众瞩目的核心节日，通常带有半宗教的性质，一家人届时团聚在一起。南亚社会在春天和秋天有洒红节、提哈节、德赛节。中国人也在一年中庆祝两个重要的节日。这些节日会持续几天甚至几周，亲朋好友欢聚一堂。

英国人把上帝的化身，耶稣的诞生日当作他们的核心节日。基督教世界都会过圣诞节，但英国人赋予了圣诞节当地的色彩。因为孩子们长大后，一家人经常会分散各地，远房亲戚对彼此相对没有那么重要了，所以父母和孩子们还住在一起时的圣诞节氛围格外隆重。

在袜子里面装满礼物，后来圣诞树（冷杉树）下也围满礼物是圣诞节的特别习俗。有关圣诞老人和他的驯鹿的故事开始被孩子们深信不疑，而后将信将疑。圣诞节还有特别的吃的和喝的，过去在把盒子和礼物交给邮递员的第二天，也就是所谓的节礼日，人们可以用前一天的食物继续过节，精神焕发地出门散步，在有些地方则以打猎庆祝。

在英国圣诞节一般只会持续两到三天。圣诞节通常是相当私人的安排，被英国人邀请到家里共度圣诞节意味着非凡的友谊。对许多人来说，圣诞节是一段紧张的日子，既要平衡家庭内部的不同需求，还要营造一种略显虚假的和谐氛围，以掩盖这一年中通过分居避免的，或是不可避免产生的种种矛盾。圣诞节也是一场盛大的狂欢，对一些人来说这是怀旧或精神振奋的时刻，对孩子来说这是魔法的节日，对一个坐下来重温经典老电影或观看剑桥大学国王学院唱圣诞颂歌的国家来说，这个节日是无形的、充满想象的，以及遍布世界的。

卫生
Cleanliness

污物，正如维多利亚时代一句著名的谚语所说，是"格格不入的东西"。出现在合适位置的大多数事物都无伤大雅——牧场里的马粪、马桶里的粪便、走廊里的鞋子，但如果它们被放在了另一个地方，越过了某条看不见的边界，就会变成"脏东西"，让人们产生厌恶，有时引起身体的不适。

在过去，日本人普遍被认为非常爱干净，甚至直到今天对家庭和公共场所的清洁都有一种近乎痴迷的关注。没有一根火柴头可以在地铁站台上停留太久，直接穿鞋进屋的行为让人深恶痛绝。荷兰被认为是欧洲最干净的国家，他们连画作里展现的都是擦拭得一尘不染的房间。而英国人，尽管他们的街道上挤满了马匹，沉重的家具和摆设让他们无能为力，却还是在清洁上大费周章。

常常有批评说印度甚至地中海地区的人们把尘土弄得到处都是。也许是经济原因导致他们没有时间和精力去清洁，然而背后的问题不止于此，因为他们似乎没有注意到是污物引起了一些旅客的反感。

现在大不一样了，尽管如此，英国在卫生方面仍花费大量精力，如街道和公共场合里有禁止乱扔垃圾的提示牌、狗屎被小心地装进塑料袋里安全地处理掉、不能从车窗和其他窗户向外扔垃圾、注意穿脱鞋子的时间和地点。英国有句古老的谚语"整洁近于美德"，良好的卫生习惯在英国备受推崇。

圈子
Cliques

圈子是一种排外的小团体或小集团。游客或暂住民来到一个新的国家，经常会感觉到他们被许多这样的小团体或是整个文化拒之门外，尽管排外的程度因国家而异。

如果你去到日本，你会遇到极大的善意和礼貌，但无论你在日本待多久，学习日语甚至在当地结婚，你都不太可能被吸收接纳，被邀请到私人住宅里，成为"日本人"。相比之下，在尼泊尔的一个小村庄，我很快被接纳并被领进了两户人家，彼此以亲人称呼。当我的"妈妈"去世时，我成了要点燃葬礼柴堆的四个最亲近的亲属之一。

在欧洲工作过的同事们往往发现他们很难进入私宅的社交领域。有些人在巴黎工作了几年，从未感到与任何人亲近，或被邀请到法国人的家里，而一到英国，他立刻就被人家接纳。

然而，尽管如此，我的一些中国朋友表示他们发现英国人竖起了无形的藩篱。一段友情看似是开始了，甚至有到家里做客吃饭，但不会再进一步发展，他们对此感到失望。

作家C. S. 刘易斯（C. S. Lewis）在书中给出了克服这个问题的诀窍："英国人没有朋友，他们有的是共同爱好某种

事物的朋友。换句话说，仅仅在一起开心聊天是不够的。你
需要更多的东西来维系友情。"

作为矜持内向的个人主义者，还要忙于许多领域，在英
国建立并延续深厚友谊的唯一途径就是找到一种共同的兴
趣、爱好、热爱、项目甚至是一个共同俱乐部。如果没有玩
到一起的"游戏"，这段关系就会动摇。甚至在英国的婚姻
伴侣（基于平等的伴侣关系）中也是如此，最稳固的婚姻是
夫妻双方共同享有某种项目并为之付出。若非如此，他们很
容易无话可说而分道扬镳。

所以，如果你在英国对某个人有好感，去找些你想要一
起做的事情，有创意的或是能玩到一起的活动。这会给你们
一个探索彼此世界的机会，并且在相处中不断刷新认识和经
历。你可以形成你自己的圈子，或者至少不再感到被排斥。

俱乐部
Clubs

俱乐部是英国体系中重要的组成部分，也是独特的跨文
化组织。在大多数文明中，人们的生活主要是由家庭或村镇
邻里组织联系起来的。亲缘家族作为一个群体，共同拥有财

产和信仰，共同享受闲暇时光，共同追求政治权力。血缘和姻亲是形成实际群体的原则，在种姓社会里有时还包括宗教信仰。

在英国社会中，我们已经看到亲缘关系的破碎和人们之间的分隔。但仍有许多事情让人们为之团结起来——为了休闲娱乐，为了讨论和解决问题，为了更有效地追求政治或经济力量。至少在历史上，英国人一般通过俱乐部来达成这些目标。

俱乐部通常是由一小群无家族关系的人为了某个特定的目的组建的私人的、非国家的组织。他们可能只是想打板球、高尔夫或一起踢足球，也可能是为了促进贸易或制造业的经济合作，为了做音乐，追求文学或科学事业，或是影响宗教或政治局势。

一个俱乐部要组建起制定规则和分配财产的机制（有的俱乐部还有相应的设施，诸如图书室、客厅、酒吧）。它由委员会管理，通过全员投票选举和罢免成员。在英国和美国，到处是各种各样的俱乐部，这些组织是其公民社会的基础。

任何要在英国待上一段时间的人都应该研究一下有哪些兴趣领域内的俱乐部向他们开放，去和会员们聊聊，选举进入俱乐部并享受这种独特的英国式社交和人际支持。

煤
Coal

　　煤炭和茶一样流淌在英格兰人的血液里（当然还有苏格兰和威尔士人）。世界历史上最伟大的突破进展之一，从18世纪在英国发起的工业革命，就是以煤炭为基础的。有些人甚至认为，英国城镇和传统服饰单调的黑灰色某种程度上也与无处不在的黑色灰尘和巨大煤堆有关。煤炭是大英帝国的燃料，由此有了矿藏、运河和工厂。如今，煤炭时代已经结束了半个多世纪，人们很难记得英国文化有多少是围绕煤炭发展起来的。

　　煤炭的重要性看似只对18世纪中叶的英国人产生意义。实际上，煤炭早在一千四百年前就被开采出来，到大约八百年前，成了热能和制成石灰给田地施肥的重要资源。至四百年前，距离工业革命还有一个世纪，英国的大量能源都是由煤炭供应，煤炭的使用让留存的森林免于破坏，促进了沿海地区的大规模航运贸易并推动了伦敦的发展。

　　在更深层次上，是这种化石燃料的存在支持英国人发展出一种以机器为基础的文明，重视用风能和水能代替人力劳动。如果没有煤炭，今天的英国将是一个完全不同的国家。

它很有可能仍然是欧洲西端一个小小的、无足轻重的岛国，甚至是大陆国家的一个殖民地。

常识
Common Sense

"常识"的概念在英国生活中可以说是无处不在。在法庭上，"常识"以"合理方"的形式出现，作为判断某人是否说谎的标准，如果他表现得"不合情理"，将因此被追责。在政治、家庭、商业甚至科学领域，事情也往往归结为按照"常识"去做。

有时英国人会认为，世界上所有人都以同样的方式看待事物，那就是用"常识"解决问题。然而比较下来，我知道的地方出于种种原因几乎没有看重这一概念的。

首先，没有什么事物是"常"态的、共同的。农民的常识和贵族的常识是不同的，工人的常识和老板的不同，女人和男人不同，孩童和大人不同，下层阶级和上层阶级不同，印度教徒和穆斯林不同。以为遇到的人都和自己有共同的看法、道德、欲望和逻辑，特别是对同样阶级、性别和母校的人，实际上是一种很难实现的假设。

还有一个问题是，什么构成了我们"认识"的道理和它的反义词，谬论。道理不是学校里可以正式教给你的东西，而是一种习惯或是一套习俗规则，每个英国人都要在成长的过程中学习它。他们会从身边的人那里学到，什么事说得通，什么事不可为。他们还将从已有的经验和先例中学习。人们很早就有常识了，即使是几岁的孩子也被认为拥有常识。

良好的理智通常建立在对立矛盾的平衡之上，这是一条入世的中庸之道，是应对生活中不断出现的紧张和犹豫的钥匙。它的对立面是不合理性（谬论）、过分强烈的狂热和心胸狭隘。

任何来到英国的人都应怀有对这种良好品质的尊重并学习使用常识的能力。一旦你拥有了它，你就可以用你的观点影响别人的看法。

社群
Communities

历史上大多数文明中的大多数人都有自己成长的社群。

社群中的人们因为三件事聚集在一起，血缘、家庭和地缘，他们出生和生活在这里，有共同的名字或身份，称"我们是……"

中国、俄罗斯、印度、地中海和东欧国家以及南美洲、美洲中部这些文明都是以社群为基础的。即使当人们迁入了城市，依然会形成社群。

审视英国的历史，可以发现这里从未出现过类似社群的形态。部落民族盎格鲁-撒克逊人未曾在法律或习俗中建立过强有力的社群。从那时起，社群的概念在英国就是缺失的。即使是在农民群体最为孤立的时期，在19世纪和20世纪上半叶，随着农村人口的减少，经典著作如雷夫·阿特金森（Rev Atkinson）的《荒野教区四十年》（*Forty Years in Moorland Parish*），弗罗拉·汤普森（Flora Thompson）的《雀起乡到烛镇》（*Lark Rise to Candleford*）等都描述了与法国、意大利乃至中国、印度的农村截然不同的景象。

英格兰不是建立于社群（礼俗社会），而是建立在联盟（法理社会）之上的。这种差异也是英国人最古怪的地方之一，如果想要进一步了解英国人的话就必须弄懂这一点。英国人的生活基于一种自由的、隐含的契约关系，这种关系让人们能够建立自己的社交网络，并通过友谊和共事不断地适应其中。而历史上的大多数社会都是建立在生育和永久关系的基础上的，即家庭、年龄、性别乃至种姓所决定的相对地位，人们无法将其改变。这一切都对一种文明的面貌有着巨大的影响。

犯罪
Crime

每种文明的犯罪模式在性质和数量上都折射了该文明的价值观。日本，很大程度上还有中国，在过去和现在都保持着低犯罪率。这可以从很多方面加以解释，包括共同责任和惩罚制度，以及历史上极其严厉的连坐制。西方的个人主义和富足社会的犯罪率则往往很高，在某些情况下，例如美国，持枪犯罪率很高，存在大量的暴力事件。

英国的犯罪率一直以来处于中等水平。犯罪活动主要集中在所谓"资本家"或金钱引发的犯罪——入室偷盗（进入私宅）、抢劫（在住宅外袭击他人）以及各种诸如银行诈骗或修补货币（"伪造"和"变造"）的"白领犯罪"。

在除了家族以外的集体组织都被压制以及家族十分强大的地方，就会出现强大的犯罪团伙，他们出于类似家族荣誉犯罪，比如黑手党和山口组。这种组织在英国过去鲜少出现，尽管现在有兴起的迹象。和其他犯罪活动一样，这种犯罪主要是个人主义的，有时像高速公路抢劫案中也会涉及个别不稳定的非团体共犯。高速公路劫匪偶尔也有传说中以罗宾汉为首的侠盗这种半侠半盗。但大多数情况下，犯罪的都是个人。

总而言之，英国还是相对安全的国家。除却恐怖主义、持刀或硫酸伤人事件不时引起恐慌，在英国的大部分地区你还是可以放心地走在街上，过平静的生活。然而财物最好要上锁，因为随机盗窃仍可能发生。还有一件事需要注意，英国关于擅自侵入的法律有个奇怪之处，陌生人只要没有使用暴力进入或造成任何伤害，进入和待在你的房子里就是合法的。因此"擅自占用"或占用空置房屋成为常见现象，有些群体会利用法律的模糊性临时居住在空闲场所。

D

体面
Decency

什么是体面，特别是在什么场合下对什么人可以露出身体的哪些部位，这是因时而变的。一些西方人会对非洲或太平洋岛民赤裸的上身感到震惊。而外国人也常常对英国女性在特殊场合不戴帽子、穿着紧身或低领的衣服感到惊讶。

　　这里有许多矛盾之处。日本传统的男女混浴泡温泉时是不穿衣服的，然而如果一位外国男性伸手帮助日本女孩迈上台阶，她们却会深感震惊。英国人的着装通常会覆盖全身，但又喜欢裸泳（例如牛津大学和剑桥大学外的河边就有著名的裸泳场所）。

　　还是那句话，搞清这种规则的唯一方法就是去请教和观察当地居民。在一般休闲的场合，穿着世界通行的牛仔裤和套头衫都是安全的。对于英国人而言，不体面是对礼貌的严重冒犯，尽管人们通常会比较客气而不公开批评。然而最好还是多加注意。

E

吃
Eating

　　吃饭，这项人类活动中最重要的行为之一，蕴含着大量规则和习俗。其中的问题在于你用什么吃饭，怎样吃饭。方式主要分为三大类。遥远的东方人用筷子吃饭而且有很多讲究，比如除非某些情况下，你不能使用私筷从小碗里夹菜。

在缅甸、印度、巴基斯坦和斯里兰卡的中间地带，几乎每个人都用手吃饭。那里同样也有自己的规定，比如饭前饭后都要洗手，绝不能用左手抓饭。

第三种是使用刀叉的西方人，其中就包括英国人。关于刀叉也有很多规则，比方说吃完东西后如何摆放刀叉、怎样拿刀叉、在刀上应该放什么，等等。用餐礼仪在学校里颇受关注。

还有用餐的顺序问题。在讲究一些的用餐中，英国人一般会先上一道咸口的前菜——通常是汤。然后是主菜（更讲究的话就是先鱼后肉），之后上布丁或甜点，最后可能会有奶酪、饼干和水果。礼貌的做法是把盘子里的食物都吃完，因此不建议一开始就吃太多，而是吃完再要第二份。未经允许不要自助，示意添第二份也是对厨师的一种肯定。

记得要对食物表示喜爱和赞美，询问菜谱并记下特别的要点。当私下用餐时，不要打算把剩菜带走。也不要像在某些文化中一样用打饱嗝来传达满足感——那是很粗鲁的表现。

你可以适当吃得快一些。英国人和日本人一样，会认为吃饭是一项必需行为而非生活的中心，因此快一点完成就可以去做更重要的事情。

平等
Equality

奥威尔曾写道："整个英语世界都饱受人人平等观念的困扰，虽然声称我们或美国人曾经履行了我们的职责是在说谎，但是这种观念仍然存在。"相信人人生来平等的英国人，在同时强调个人自由、市场自由和资本主义的体制中却没有将平等付诸实践，奥威尔在其著名的论调中揭示了这里的矛盾，"所有人一律平等，但有些人比其他人更加平等"。

英国文明中存在一个基本的平等假设。长期以来，人们一直相信所有人生而平等，享有上天和法律赋予的种种生命、自由和追求幸福的权利。然而有些人相信命运的骰子已经摇好了。机遇、出身、阶级，那些人生中的重大事件，意味着在今天穷人比富人寿命短至少十年的英国，生而平等的权利在社会中将变成不平等的一生。

但是，抛开失败和不公，重要的是英国人相信人生而平等，而不是生而不平等，这与世界上几乎任何其他文明不同。这意味着，无论你是否贫穷、疾病、年老，皮肤是黑色、棕色还是白色，都应该作为一个平等的人被对待和对待他人。即使有些人明显比其他人更幸运，在上帝、税务员和法官眼中，我们都是一样的。

道德
Ethics

英国的道德观有些矛盾之处。一方面，相比很多社会，道德在英国人的生活中扮演着重要角色，尤其是在我们称之为"宗教"的领域。伊波利特·丹纳曾描述英国的宗教为"从属于伦理道德的仪式与教条"。清教徒以良知而闻名，他们有强烈的道德良知，而这种良知正是早期英国文化特征的延续。带有罪恶感的自我反省、想着"做正确的事"是英国历史上古老的传统。可以说，英国人和他们所影响的人，特别是新英格兰地区的人，遵循着一定的道德准则。

另一方面，由于这个高度分裂的世界中有种种矛盾的需求，这种道德体系也是相当脆弱的。没有什么必须如此的事情，也不存在绝对的真理。在一些有着强大力量组织的社会中这种绝对的真理可能存在。然而当人们生活在不同力量的不断拉扯中时，是没有明确的道德准则可循的。

英国人明知贪心和爱财的危险，却仍对财富充满渴望；他们明知性欲的危害，却保持着相对宽松的性规范；他们明知自私的坏处，却被教育要独立自主、自力更生甚至以自我为中心。他们踌躇不决、处处矛盾，在无尽的道德和哲学窘境中无法自拔，伟大的英国诗人蒲柏在其《人论》（第2篇）

中就智慧地指出了这一点，或许这部长诗更恰当的题目应该
是《论英国人》。

> 他悬在中间，行止犹豫不定，
>
> 不知视自己为野兽还是神灵；
>
> 留心灵还是留肉体，总是踌躇，
>
> 生来就要死，说道理却犯错误；
>
> 都一样的无知，理智也如此，
>
> 想得太少或太多，结果无异：
>
> 思想和激情如混沌，一团混乱，
>
> 总是滥用自己，或是自解疑团；
>
> 生来就处在半升半降的状态；
>
> 是万物之长，又受万物侵害；
>
> 真理的唯一裁判被投进永远谬误之地：
>
> 他是世界的光荣，也是世界的笑柄和谜！①

---

① 何功杰，译注，选自《英语鼎诗选译》，苏州大学出版社，2011年4月第1版，
7—18行。——译者注

礼仪
Etiquette

礼仪在各种情况下都是人际行为的复杂领域。吃、喝、走过门廊还是拥挤的街道、驾车出行都有相应的礼仪。

过去和现在的英国都是不断变化的阶级社会，礼仪和语言作为阶级的主要标志，很快就能展示出一个人的阶级地位。英国礼仪相关的书有很多，我在寄宿学校受到的教育中，各个方面的礼仪都颇受关注。

关于礼仪很难用一两句话给出什么建议，这里我就自己学到的列举一些基本原则。

永远表现出你对他人的在意和尊重，尤其是对待异性和老弱病残人群。因此，为他们开门，在困难时给予帮助，关心、留意不要让人家主动寻求帮助，都是良好教养的表现。

以礼待人，不要把提要求或他人的好意当作理所当然，经常使用"请""谢谢"等词，即使是对亲近的人，比如你的配偶、孩子、父母以及遇到或共事的人们。

对每个人都要讲礼貌，而不仅仅是对你的上级或同事。不必对更有权有钱的人巴结逢迎，秉持对待他人同样的尊重即可。也不应粗鲁无礼或傲慢地对待那些一时比你低微、贫穷、受教育程度更低的人，尤其是对服务岗位上的人群——

门卫或是公交司机。

礼仪本质上代表着你为了另一个人所做出的努力，花时间和精力把他人放在自己前面，表示你在意他们的想法和需求。礼仪同时是对自己和对方的尊重。这是一种为了减少生活中的摩擦而用言辞和举止送给对方的礼物，在任何情境和关系中都要展现出来。

邪恶
Evil

英国人对邪恶这个概念的矛盾心理反映出他们其他很多矛盾之处。基督教社会的传统让上帝和魔鬼的二元形象在英国深入人心，英国人认为许多事都是非黑即白的。他们向上帝祷告，"从万恶中解脱"。他们总是进行非此即彼的讨论，比如最近的恐怖袭击、一座城市发生的爆炸，甚至反感的政客的所作所为，都是"彻头彻尾的恶"。许多事故和虐待生命的事也都是罪恶的。对于发现恶行，英国人似乎十分自信。

然而英国人的罪恶意识是如此泛化，以至于说用"可恶"一词来形容的是普遍意义上非常糟糕、道德上难以接受的或是让人震惊的事可能更合适。因此，对于浪费食物、破坏环境以及资本主义的弊端，你都可以用恶来形容。言其恶，只不过是说一个人强烈反对某件事。

这种泛化似乎与"贪财是万恶之根"的说法密不可分。在资本主义社会，恶变成了善，善成了恶。《雅典的泰门》（*Timon of Athens*）（第四幕第三场）中的这段独白对此有更深刻的阐释。泰门在地里掘到了金子——

金子！黄黄的发光的，宝贵的金子！

……

这东西，只这一点点儿，就可以使黑的变成白的，丑的变成美的，

错的变成对的，卑贱变成尊贵，老人变成少年，懦夫变成勇士。

嘿！你们这些天神们啊，为什么要给我这东西呢？

嘿，这东西会把你们的祭司和仆人从你们身旁拉走，

把仕士头颅底下的枕垫抽去；

这黄色的奴隶，可以使异教联盟，同宗分裂；

它可以使受诅咒的人得福，使害着灰白色的癞

病的人为众人所敬爱；

　　它可以使窃贼得到高爵显位，和元老们分庭抗
礼……①

　　也就是说，金钱能改变一切，由黑到白再由白到黑；它让本不在同一平面上的事物变得等价，天然就在一起的东西也可以分开。人们不再能够区分什么是善，什么是恶。这是一个道德相对主义的世界，善可以轻易转变为恶，反之亦然。恶只在旁观者的眼中，而非他或她所看到的真实。

F

公平竞争
Fair Play

　　一位在英国生活了十八年的朋友不解地问我，英国人在生活中到处都在讲的"公平竞争"到底是什么意思。我回答说，这是因为英国人有一种观念，即生活中的许多事

---

① 朱生豪译，选自《莎士比亚全集》，中国文史出版社。——编者注

情，无论是政治、经济市场、法律还是家庭，都有其游戏规则。

在这样一场比赛中，玩家既知道规则，也知道他们可以在没有裁判或不被裁判注意的情况下突破自己的优势，甚至采取任何有利的行动。你有上千种诡计和花招为自己获取短期利益。如果这些都失败了，还可以贿赂或威胁裁判。

那些相信公平竞争的人则既不违反规则的条文，也不破坏游戏的精神。他们遵从内心的良知，选择不去利用对手一时的弱点或裁判的缺席来赢得比赛。他们会将整个团队以及比赛之所以是比赛的长远利益置于狭隘的个人利益之上。

在大多数国家的大部分历史进程中，如此公平竞争会被视为软弱、愚蠢或是背叛家族和其他群体的标志。系统的规则被认为就是不公平、不偏向个人的，谁要公平竞争，只会使他的劣势永久化，没有立足之地。

为了公平竞争这种抽象的东西而放弃机会追求个人和家族的利益，被认为幼稚还是好的，被认为是疯子就糟了。而这样做的英国人，似乎认为世界上其他人也会如此，显然是疯了——可能是晒了太多的阳光，就像歌词里面唱的，"唯有英国人与疯狗会在中午的烈日之下跑到外头去"。

渔猎
Fishing and Hunting

英国人经常被看到痴迷于追捕动物——鱼、鸟类以及哺乳动物，尤其是狐狸和鹿。尽管他们的生活模式已经不再以此为核心，这些活动却依然重要，其渔猎的方式和对象向我们揭示了这个社会的很多信息。

几个世纪以来，英国人都拥有足够的闲暇时间，足够多受到保护的河流和土地，可以施展他们的狩猎和捕鱼活动，以表明自身可观的财富和私产。

这些运动就像游戏一样，对英国人来说是一种放松的方式，在冥想的状态下完全沉浸其中，暂时放下所有的烦恼和社交的压力。这与世界上一些地方对茶道的沉迷有异曲同工之妙，类似还有日本的弹珠游戏机和中国传统的射箭或书法。

以静心为目的也解释了为什么钓非食用的鱼至今在英国都是最受欢迎的爱好。数以百万的人会在周末来到水边，盯着浮漂一坐一天，如果钓到什么就放生回去。

追求更刺激"猎物"的上层中产阶级，通常会为这项运动付出很多。他们追求的是钓鳟鱼和鲑鱼，捕野鸡和松鸡，猎狐或猎鹿。这是一种阶级标志，来到英国的有钱人如果想给这里的富人朋友留下好印象的话，就得入乡随俗。如果资金到位，来到英国的有钱人买下一段鲑鱼洄游的河流或是松鸡出没的沼地，他留给英国的富人朋友的印象会更加深刻。观察英国人摆弄这些鱼竿和猎枪，也是一项民族性格研究。

民俗文化
Folk Culture

我记得一位学者朋友在参观了法国、葡萄牙、意大利和奥地利等欧洲国家的民俗文化博物馆回来后向我感叹说，英国好像就没有这样的博物馆。他提议我们也应当建一座真正的民俗博物馆。我试图向他解释这是不可能的，原因很简单，英国人从来没有过像德国人所谓"民俗"的概念。

"民俗"缺失的原因显而易见。在所有大陆国家，比如印度或南美洲，以城市为中心、少数上层人士、知识分子所代表的文化与农村中多数农民所代表的大众文化之间存在巨大的壁垒。人类学家称之为大传统与小传统的二元对立。

房屋、工具、服饰、礼节、故事，事实上这两个群体在一切物质文化和非物质文化都是不同的。例如，法国人、德国人和凯尔特人收集了大量的"民间"故事和"民间"音乐（这里的民间相对于城市文明的书写历史），但英国人却没有。

如果你去参观剑桥大学或是其他英国的"民俗"博物馆，你会发现这其实是一座阶级博物馆，里面陈列的都是19世纪和20世纪初工人和下层中产阶级生产与使用的物品。而如果你去考察英国的"民间"风俗，如莫里斯舞，你就会发现它们都产生于17世纪或更晚，许多提及1665年伦敦大瘟疫的民间童谣和游戏，像"编玫瑰花环，装满花束的口袋"，也产生于同一时期。

英国的"民俗"博物馆展示的其实是那些外来的"民俗"，比如维多利亚与艾尔伯特博物馆中的亚洲藏品、人类博物馆以及牛津大学、剑桥大学和曼彻斯特大学的人类学博物馆。这些博物馆当然是值得参观的，但其讲述的是大英帝国的历史，而缺少关于中世纪英国农民生活的展示。

小路和公园
Footpaths and Parks

在日本，甚至法国南部，最让英国人意外的地方之一就是散步成了难事——很难找到一条条相连的路，无论是马道、林荫道、机动车道还是礼貌穿行私人土地的"通行权"。即使在美国，在机动车可以行驶的地方步行都属于奇怪的行为，除了在国家公园里，几乎没有英国式的人行小路从一条单独的窄路通往宽阔的草地公路。

这些"通行权"一般起源于盎格鲁-撒克逊人和中世纪，现在覆盖了整个国家，甚至在相当程度上延伸到了城市中。在它们作为整体的交汇处，便形成了公共公园，其中阡陌交错，间以池塘、长椅和花坛。英国相较于其他地方有着更多随处可见的小路和花园，这取决于对财产的观念，即多种权利可以同时存在，因此很多东西都是"公共的"，比如公园和小路，在一定条件下能够被更广泛的公众享用。

这种享用是在规则之下的。人们不能以任何方式损坏或占用便利设施。要随手关门，牵绳遛狗，不要采摘花和果实，不要生火或搭帐篷。不过倘如你只是走走停停，不伤害土地、花草和树木，英国无尽的田野都等待你的探索。这是一座世界上许多地方都找不到的宝藏，即使它也不断受到威胁。

外国人
Foreigners

有一个好玩的故事，讲的是一位英国女士在莱茵河上听到一位德国人说她们一行人是外国人，急忙道："不，我们不是外国人，我们是英国人，你们才是外国人"。其中表现了英国人对待"外国人"的态度传统的一面——一种普遍存在的盲目傲慢。阅读有关英国人及大英帝国的记述，不难产生这种强烈的感觉，例如，在印度的印度人有时反而被视为本国土地上的外国人，而容忍英国人把这里当作自己的家园。

这很奇怪，毕竟英国人自己对于英格兰而言也是外国人。他们是盎格鲁–撒克逊人、维京人、诺曼人、法国人、荷兰人以及后来一波又一波移民潮的后裔。然而，即使是在今天，新一波移民定居下来并被接纳后，便自视为本土人。为了显示自身是正统民族的延续，神话和仪式由此产生。

从很多方面，这是一个愈合的过程，大多数人认为融入英国人总比再建立居住区要好得多。另外值得注意的是，英国的很多地方现在都是多民族地区，人们甚至不再注意肤色和信仰的差别。

但也别忘了他们根深蒂固的傲慢。如果你受到委屈，可以安慰自己，俗话说得好，井底之蛙总是觉得自己住的这口并最好。要知道这样对待你的人可能是你的儿孙辈，至少肯定自己也是外国人的后裔。17世纪末作家丹尼尔·笛福用《真正的英国人》(*The True Born Englishman*)一诗绝妙地表达了这一点，诗中写道：

真正的英国人自相矛盾，

言语上讽刺，实际上却幻想。

……

既然美德赋予高贵，

为何还渴求出身和血统？

因为没有外国源头的家族实为罕见。

第四等级
Fourth Estate

英国人对世界文明的主要贡献之一在新闻领域，包括出版发行报纸、杂志，在广播和电视上发表评论。报纸是从17世纪开始在英国大量发行的，从那时起，许多著名的报刊如《泰晤士报》(*The Times*)、《曼彻斯特卫报》(*The Manchester Guardian*，《卫报》的前身)、《每日电讯报》(*The*

Daily Telegraph)、《笨拙》(Punch) 等相继问世。这些报纸和期刊在世界范围内流行。

在大英帝国时期，是记者对政治、社会和体育新闻的关注报道让英国人团结一致，随后又发展为影响巨大的广播和电视新闻业，最著名的就是英国广播公司（BBC）。

格外庞大、富有、高学识又相对空闲的中产阶级创造了一个巨大的新闻产品市场。英式记者强硬、直接、极为灵活而富有双重含义的语言风格更是推动了新闻的市场。

结果就是所谓的第四等级增强了英国的民主。这一词语来自欧洲传统概念中国家的三个阶层，神职、贵族和平民。在此之上还有第四个非正式的权力中心，即新闻媒体或新闻工作者。第四等级拥有的职能之一就是对权力的批判和对责任的追究。

新闻记者担当教育和告知的职责。当新闻行业遭到直接的打击、审查，或因烦琐、享乐而变得冷漠、娱乐化从而消亡，舆论监督也就随之减弱。在英国，民主和新闻休戚与共。

我们拜访中国、日本或其他国家时，都会看看当地的报纸和电视报道。如果你想了解英国人，你就去阅读他们的报刊，看那些严肃的电视节目。或者，既然英国的新闻报道已遍布全球，也可以观看美国有线电视新闻网（CNN）或其他电视台。

G

绅士
Gentlemen

一位日本朋友曾向我指出，在上层中产阶级和绅士阶层的巨大力量笼罩下的英国有些奇怪。他说在日本，工薪阶层和工厂的工人拥有更大的权力。在大多数传统文明中，工人阶级的地位都处于富有的贵族之上。然而在英国，无论是中央还是地方政府，都是绅士阶级在统治社会。

"绅士"一词尤为费解，许多外国的研究者都为此迷惑。绅士既不是基于血缘和出身，也并非一种法律地位。更确切地说，（是否绅士）这是关乎教养（学识）和一定程度的财富的问题。一位绅士在法律上没有特权待遇。这貌似完全是基于你的举止表现及你在旁观者眼中的身份。如果得到他人真正的尊重，那你就是一位绅士。

如果你的口音、房子、家具、教育和休闲活动都恰当、体面，其他人便会认为你是绅士（或淑女）。但最重要的首先还是你的态度和行为。具备所有物质条件的富人即使有着良好的口音和教育背景，如果不遵守道德和诚信的准则，不愿意为社会公众作贡献，也不算作是绅士。顶尖学校和大学的主要职能就是灌输这种绅士风度和思想，而这是金钱买不到的。工人阶级也可以是"天然的绅士"，但只有拥有一定的空闲和财富，才有可能成为真正意义上的"绅士"。

礼物
Gifts

送礼是社交生活中非常重要的一部分，但也复杂多变。这一点很重要，因为礼物不仅是物质的实体，更是社会关系的体现，特别是大多数礼物都包含了需要以某种方式回礼或回应的意思和成分。正如英国人所说的，"天下没有免费的午餐"，也就是说即使有其他人支付了这顿午餐，其中也隐含着某些相互的恩惠。

礼物送给谁、何时送、送什么，是一门没有止境的学问。尤其重要的是，送礼是否是在互惠的预期之下——是发挥作用、可以被解读为贿赂的送礼，还是在得到帮助后作为善意的表示。

亚洲社会比英国更加重视家人、上下级、陌生人之间的送礼。日本人以其"包装文化"而闻名，包装精美的礼物在送礼方离开前收礼方是不能打开的。中国人送的礼物又多又好——通常有茶叶、艺术品和书法作品。他们的传统是在节日送放有现金的红包给朋友和家人，不过现在有些人不鼓励这种近于贿赂的做法。

对于来自这样的送礼文化的读者，很重要的一点是要知道英国人对于送礼是略持怀疑的，他们想要知道礼物背后是什么。如果这是对付出的时间和关心表示感谢，则会被欣然接受。但如果有人想要从我这里得到什么而主动送来相对贵重的礼物，那么可能会引起我的不快。

如果你想赠送礼物的话，最好的办法是选择一些象征性但不太值钱的东西，一张你家乡的图片、一本翻译的小诗集或一个漂亮的书签。基本上，礼物中不要有太多期望——友情、善意、兴趣是英国人最愿意接受和给予的礼物。

绿色
Green

当我询问游客们到达英国时最强烈的印象，经常得到的答案是"这里好绿啊"。我自己从印度回国时，也会惊讶于此。然而过了几周后，便对眼前的绿色熟视无睹了，直到夏天的某一天，或走过一片树丛，突然又被绿意盎然所打动。

仔细想想，尽管英国是地球上人口最稠密的国家之一，拥有许多大城市和高速公路，却保持着一定的绿化覆盖。

当然这一部分取决于气候。世界上大部分陆地都是灰秃秃的，被雪原或荒漠所覆盖，拥有合理的温带降水的地方很少。土壤也是部分原因，比如英国的草场在日本是不可能实现的，即便是不停地灌溉，火山灰也不适合长草，只有在北海道等部分地区才能真正地养牛。

这在某种程度上解释了为什么遥远的东方人常常会有早发性近视，他们的眼睛最容易分辨出光谱中红色和黄色的波段，而包括英国人在内的欧洲人的眼睛最能分辨出蓝绿波段。因此英国人格外喜欢花园里的绿色，而中国人或日本人的庭院里则常常是红色和金色的亭榭。

然而问题不止于此，或者说这是一个循环的过程。优质的牧草保证了以畜牧业为基础的大规模农业，在科茨沃尔德、英格兰北部和东部饲养羊群，到处都可以养牛。因此（英国）有大量的牧场和开阔的草原。私人田产和对橡树及其他树种的需求，以及私人打猎，保护了森林。

英国人对绿地的热爱在公园、私人花园中的草坪、城市乃至高速公路两旁随处可见。《绿袖子》（*Greensleeves*）是英国人最喜欢的传统民谣之一，尽管其词曲可能来自意大利；他们还喜欢唱布莱克的长诗《耶路撒冷》（*Jerusalem*），诗中想象着这座城市正在"英格兰绿意宜人的土地上"重建,清除了工业主义的"黑暗的魔鬼磨坊"。

问候和手势
Greetings and Gestures

第一次见面时打招呼的方式会对未来的关系产生很大影响,而打招呼的方式则可以告诉我们关于一个社会的很多信息。日本人角度精准的鞠躬反映了双方的相对地位。英国人传统上与他人握手、亲吻或拥抱的方式和他们的欧洲邻国大不相同。

当然,时尚总是轮回变换。德西德里乌斯·伊拉斯谟(Desiderius Erasmus)在16世纪初注意到英国人会亲吻彼此,并赞许这种异于同时代欧洲人的礼仪。当我还是个孩子的时候,问候或告别时亲吻陌生人却是被忌讳的。在过去的二十年里,欧洲式的亲吻两颊以及相互拥抱又迅速流行起来。

不过你必须注意,对于不认识的异性或孩子,最好还是不要亲吻或拥抱,除非有其他人在场,必要时可以作为证人。千万不要亲吻嘴唇,当然除非是你的伴侣。

同样,手势也在改变。英国人,尤其是中产阶级,是不会在讲话时挥舞手臂的。他们表现得有些僵硬和拘束，甚至上嘴唇也是不动的。除非因为政治或体育赛事而激动时就不顾这些了。不过总体而言，英国人以最低的幅度表达自己，认为挥舞手臂或上蹿下跳都是不礼貌的，除了在政治和体育场合中。站得太近也被认为有威胁意味。大约一米或两米是适当距离，这与中国的传统（社交）距离非常一致，而比非洲很多地区的远得多。你必须学习研究这些差异并入乡随俗。

H

幸福
Happiness

"人类并不追求幸福；只有英国人才这么做"，尼采如是说道。英国人是一个对"幸福"这种模糊不清的事物大加谈论并孜孜以求的民族。

在大多数社会中生活的目的就是活着，或者把自己的财富和地位传给后代，或者可能为了纯粹和拯救，或者是对他人行使权力。把个人幸福作为首要目标的想法会令很多人惊讶甚至震惊，因为这极端自私又虚无缥缈。

然而许多世纪以来，正如英国的文学、日记和其他文献资料所表现的那样，英国人一直在发问自己是否幸福，如果不幸福，便努力改变生活来增加自己获得幸福的机会。英国人甚至以"实用主义"的观点把这变成了他们对政治和伦理哲学的主要贡献之一，即认为我们应该根据是否获得了更大的幸福或相反来判断行为，与尼采的指责恰恰相反。

要解释这座小岛上人们对幸福特别的追求有些复杂。这显然关系到早期的资本主义经济，因为追求物质满足是没有止境的，也是资本主义市场的一种驱动力。幸福与消费主义紧密相连，因为关心个人的身心状态并非大多数社会里关注的核心，却是幸福之所为。几乎在任何地方，人们都在关心满足他人的需求——子女、父母、神职人员和贵族的——而不去思考个人的自我实现和幸福。

无论出于什么原因，在英国希望幸福并寻求幸福都是可以的，这和其他任何形式转瞬即逝的情感一样，是另一种英国文化输出。

历史
History

英国人总是对他们的过去特别感兴趣。纪实类历史节目是他们最爱的电视节目之一。英国在过去的几百年里也产生了一些最伟大的历史学家。

其中一个原因是超过一千五百年来英国文明在连续性上未曾间断。这使得过去与现在环环相扣，事实上人们仍在参考1215年《大宪章》的先例或是17世纪英国内战的结果。英格兰岛天然的边界给人一种感觉，统一而一贯的历史影响着这里的人，也因此得到了人们普遍的兴趣。

另一个原因是英国的法律和生活一般不是基于永久的成文法典，而是建立在历史中积累起的先例之上。要想掌握今天的行为习惯需要了解过去的习俗是什么。几百年前发生的事情对于今天而言仍是不可缺少的知识。英国的历史告诉了英国人他们是谁，他们应当做什么，这在大英帝国扩张的时期尤为重要。

另外，英国人拥有保存得很好的历史文献记录。这些文献深入而详细地记载了超过八百年的历史。它们之所以流传下来，是因为它们从未像在其他国家一样在战争和政权更迭中被毁坏。这些文献在温和的气候以及没有白蚁和其他捕食性动物的情况下得到良好的保存。

最重要的是，这些史料是在权力下放的政府体制下完成的，决策不只由中央内阁做出，而是在更低的等级，包括法院、教区政府和地方教会共同参与。这意味着这个国家几乎每一个城镇和教区的历史都在几百年里得到详细的记录。英国的地方志与欧洲或亚洲相比独树一帜，而保留了大量记录的中央法院则成就了另一套英国历史体系。英国人知道历史的重要性，谁掌握历史，谁就掌握现在和未来。

业余爱好
Hobbies

"业余爱好是一种活动、兴趣、热情或消遣，是一个人为了愉悦或休闲，在私人时间所做的事。"以维基百科中的介绍开始这一节，是因为我很难想象爱好值得放在一本关于英国的书中，直到一位日本好友的问题让我吃了一惊。他疑惑为什么英国人有这些爱好，并表示在日本没有与之相当的事情。

我突然就意识到这确实是英国人的一个显著特点，正如奥威尔曾指出的"英国人的另一个特点我们几乎熟视无睹，但它却是我们的一部分，那就是英国人私下对爱好和业余职业的痴迷。我们是一个爱花的民族，也是一个由集邮爱好者、鸽子爱好者、业余木匠、优惠券剪切家、飞镖运动员、纵横字谜迷组成的民族。"奥威尔还进一步将私人的、非正式的活动论述为英国生活的核心,"所有真正的本土文化都围绕着那些即使是公共的也不是官方的事物——酒馆、足球比赛、后花园、炉边和'一杯好茶'"。

发觉到这一点后,我开始意识到从孩童时起及在被我反复强调的学生时期,我就被鼓励去拥有尽可能多的爱好。其中包括了收集各种各样的东西,比如巧克力糖纸、邮票、硬币和动物的牙齿。这里面有我最认真的爱好或热爱——钓鱼,我青少年时期的大多数空闲时间都在这了。还包括了吉他和口琴这些乐器演奏。

在后来的生活中,当我被要求详细介绍自己在《谁是谁》(Who's Who)一书中的工作时,除了一些平淡简单的问题,还有一个问题是关于我的"消遣",即爱好的时髦说法。以我当时的年纪,我能想到的只有散步和听音乐。如今想来,这个问题本身就比较奇怪。

兴趣爱好现在在全世界都普遍存在,但早些时候在尼泊尔和日本的旅行经历让我注意到,爱好对于我所遇到的人来说远没有那么重要,学校也没有鼓励大家培养爱好。老师们没有意识到,兴趣爱好可以在多大程度上扩展想象力,教会孩子们专注和鉴赏力,并常常告诉孩子们朋友的意义,从而教给他们社交的技巧。

很难说英国人何以如此热衷于爱好。不过几个世纪以来，英国人都相对富有，拥有大量的空闲时间，这为业余爱好提供了可能。此外，爱好是一种强烈的阶级标志，因而它在一定程度上导致了英国人对于爱好的社会阶级歧视。爱好百无一用却引人入胜，对于在个人主义和资本主义社会中贯穿人们生活的那些竞争性"比赛"和艰苦磨人的工作而言，也是一味疗愈的解药。兴趣爱好往往是"冷漠世界里的一方净土"，是放松和个性汇聚的湖泊。当然在今天，很多爱好都是在网上进行的。

假日
Holidays

在大多数文明的过往概念中，假日，通常伴随着去远方的旅行，是陌生或罕见的。对于非常短期的假日也是如此——法国人所提出的"周末"尽管今天已经广泛存在，当时却是不常见的，一周、一个月或更长的假期更是如此。人们可能会进行宗教朝圣之旅，或有一些观光的贸易考察，但很少有人有空闲、财力或兴趣去某个远离家乡的地方花费金钱、时间和精力。

英国人似乎从很早开始就热衷于假期这种事情。14世纪乔叟的《坎特伯雷故事集》（*The Canterbury Tales*）生动描述了这种趣味，英国人的日记、自传和书信都有关于旅行的描述。这些旅行从贵族富人游学旅行欧洲的"壮游"，发展为最近的冬季滑雪或逃离英国冬季的大众假期旅行，再到环游世界各地的暑期旅行。

这些假期是人们最喜欢谈论的话题之一。即使你并不打算认真过个假期，也不妨为你的"暑假"思考一下可能的目的地，作为和朋友的谈资。要去哪里、待多久、乘坐什么交通方式，这些都是阶级的标志。与谁一起出行同样具有象征意义。英国人通常是和年轻的家人或朋友一起旅行。他们带上防晒霜、太阳镜，乘兴而行——也不总是尽兴而返。不明白假期对于英国人的重要性，就等于错过了他们生活中不可或缺的一部分。

荣辱
Honour and Shame

许多社会中，强烈的道义尊崇感都以男人为中心，而用羞耻感要求女人。这种"男尊女卑"的特点在地中海和南美洲表现得尤为突出，被称为男子气概、大男子主义。这在远东文化中有不同的表现形式。男人绝不能忽视对其尊严的挑衅，任何侮辱和伤害都要以牙还牙，他们的世界是由决斗、积怨和复仇组成的。因此家族中的男性都是这份羞辱的监护人。

英国值得称道的地方在于其几个世纪以来与这种尊卑文化的背离。上流社会在一些时期也会有决斗，特别是在18世纪，但决斗即为血仇，是不常发生的。一个女人的节操是她的私事，她不会指望她的兄弟甚至是丈夫，而是直接肢体攻击报复那些散布谣言或质疑其贞洁道德的人。

名誉受到威胁则是头等大事，名誉与尊严不同，特别是在经济和法律方面，名誉关乎人品和信誉。如果名誉受到诽谤或中伤，当事人会在法庭诉讼中进行抗辩，长期以来，任何人身报复在英国都是被禁止的。归根结底，每一个人名誉的守护者都是他自己，必须尽最大的努力去保护它。"世仇"（feud，从边境输入的苏格兰词语）并非英格兰的品质。

马

Horses

今天来到英国旅游的人们已经很少能注意到马匹了。人们可能会在电视上或赛马场看到赛马，看到马球比赛或是频繁的国家赛事，比如"点对点"，人们也可能在国事场合看到马匹的游行仪式。不过马现在似乎相当边缘化了，除了在纯粹的休闲或象征层面上。

然而许多世纪以来，英国人都深受马的影响。事实上，马是在第二次世界大战以后才真正失去了其主要的农业作用。我在1976年搬到剑桥的时候，还有一个铁匠在给马钉马掌。

农业生产并不足以使英国富裕起来，因此18世纪的人们告别了可爱的夏尔马，开启了影响深远的农业革命。马比牛跑得快得多，劳作效率更高，虽然它们也需要更多的食物。过去是马把驳船拉上运河，是马车驶过泥泞不堪的道路，马儿们在磨坊里拉磨，还组成了伟大的轻骑兵和重骑兵。

马匹当然也是阶级制度中必不可少的标志，只有至少是上层中产阶级的人可以饲养马匹来打猎或骑马。有了马还可以平息暴乱，在外国政要面前留下好印象。在整个18世纪和19世纪，都有声音称纽马克特的赛马俱乐部才是英国真正的权力中心，而非王室或下议院。

当然在今天，很多优良的马匹都为（马场）外面的富人所有，不过这并不惹人眼红，因为人们意识到这些优良的品种有利于延续马场辉煌的传统。英国人也没有忘记，正如斯威夫特在《格列佛游记》的故事中所描述的（慧骃国，得名于马嘶鸣的声音）那样，马比人本性更纯良，在许多方面都比人类"漂亮"得多。

I

不便
Inconvenience

乔治·奥威尔在反思英国与世界其他地方的差异时写道："（这里）啤酒更苦，硬币更重，草更绿，广告也更明目张胆。"今天或许仍是如此，但新的差异也在不断涌现，根据我与国外来到英国的人的交谈了解，有些差异常常使他们震惊甚至烦恼。

好几个人都提到了停车场和其他公共设施的老旧机器。在中国，现在很少有人使用现金了，而是用手机上的应用程序进行移动支付，（在英国）遇到还有不能使用信用卡的机器，难免感到震惊和不便。所有游客都请注意：英国的硬币不仅更重，而且仍在使用。

另一位中国朋友对英国大多数洗碗槽和浴缸都是一冷一热两个水龙头感到惊讶和不满，这样既有烫到自己的危险，也很难混合到适宜的水温。她只习惯于使用双联水龙头，水温控制会容易得多。

第三位有欧洲背景的朋友感到惊讶的是，大多数英国的家庭或办公室，即使是近期修建的，窗户也只有一层玻璃。他表示双层玻璃由于具有更好的御寒保暖以及隔音效果，在整个欧洲都是标配。

所有这些例子都指向了这个曾经的第一个工业化的国家长期以来沿着固定的方式运转和生产，社会发展相对缓慢，已经很难适应新事物。英国有句谚语："如果东西没坏，为什么要修它？"由于转变带来的经济和学习成本太高，英国人选择坚持他们不便的方式。他们甚至会觉得，一定程度的不便和努力对你的精神是有好处的，即所谓的"斯巴达勇士"精神。而且英国人的"喜旧厌新"，在"古董"一节中已有提到。

个人主义
Individualism

对于外人来说，了解英国人最重要的一个方面就是他们的个人主义。当我们审视英国文化所有的权利、义务和价值时，我们会发现它们都存在个体中。在丹尼尔·笛福的小说《鲁滨逊漂流记》（*The Adventures of Robinson Crusoe*）里，流落荒岛的鲁滨逊能够建立他的世界，与自己的造物和上帝独处，请思考其中的象征意义。鲁滨逊不需要别人，即使后来他迎来了他的朋友星期五。在他自己身上就有一个完整的经济、社会、道德和政治世界。

所以，作为英国人，我们在社会化的过程中被教导成为独立的个体。我们自己选择去信仰什么、崇拜何人、当行何事。在方方面面我们都是生活的完全主导者。收入是个人的私有财产，可以分配给自己喜欢的人，对自己身体和其他财产的权利则受法律保护。我们可以决定自己与谁结婚、给谁投票、在谁的身上花费时间、和谁做朋友。

所有事情中唯一的例外是婚姻（现在扩展到了民事伴侣关系和没有婚姻关系的长期同居）。双方从此"同心同德，同气连枝"。这样一来，这种结合中的"另一半"就对我们具有权利，而我们也是一样。我们被视作了有所延伸的人（译按：你中有我，我中有你），这也是为什么夫妻不能在刑事审判中指证对方的原因之一，尽管他们可以指证自己的父母或者孩子。然而即使是在婚姻中，英国人也会捍卫他们的个人主义。女性拥有自己的财产权，男方或女方会保留某些财产的所有权。每个人都有自己的私人空间、隐私和保密的权利。

这就不难理解为什么在大多数社会体制中，家庭和其他群体被融合成不可再分的单元，而英国却并非如此。因为领域的分离和制度化已经使任何大于个人或夫妻的共同生活在英国变得不可能。当我们设想一个世界，首先想到的便是自己。

当然，这样分离的个体组成的"孤独的群体"，像极了撞击弹射彼此的台球。如果英国人止步于此，那必将是一场悲惨的、托马斯·霍布斯（Thomas Hobbes）所说的"一切人反对一切人的战争"。然而，英国人却建立了许多附属机构，在保证自主与独立的同时，能让每个人感到自己是某种更强大存在的一部分，个人要与他人站在一起才能达成自己的目标，控制自己的孤独。

最有力的方式还是和伴侣的婚姻和爱情。而与之相近的另一种选择，往往是无私的友谊。所有的社会中都有友谊，但英国的分裂和流动性使友谊显得格外深刻和重要。友谊的本质是来去自由，在平等的基础上分享兴趣与情感。友谊不同于利益的联系，不同于在欧洲大陆或印度的甲方乙方关系，对于许多英国人而言，是友谊赋予生活以意义。

客栈、住宅和教堂
Inns, Houses and Churches

如果你来到英国大大小小的城镇，也许会惊讶于这里大一点的建筑，可以供人吃喝、晚上有床睡觉的，都统称为客栈或旅馆。这些客栈通常带一个庭院，在过去为过夜的旅客停放马车和马匹。从很小的小旅馆，到宏伟的大酒店，成千上万的旅店遍布整个英格兰，尤其是在主干道沿线。

这与任何一个大陆国家都不同。因为许多世纪以来，拥有庞大中产阶级的英国人一直是贸易与旅行的民族，狄更斯对此描述最为生动。他们总是在迁移。

英国的路况通常很糟糕，而大量的旅人需要地方来歇脚、吃饭和睡觉，客栈便应运而生。即使有家人就住在途经的小镇上，英国人也更愿意住在客栈里。

在英国的许多地区，这些小旅馆是乡村和城镇旺盛生命力的一部分。东英吉利亚或科兹沃尔德以牧羊为生的古老村镇则是特殊地区。不过几乎在任何地方你都能遇到房屋和美丽的教堂，它们已有超过三百年的历史，其中许多甚至可以追溯到五百年前。

由于没有战争，财富分布广泛，又有着优质的砖石和木材等建筑材料，英国的中世纪乡土建筑保存得比较好。而所有这些都集中在一座小岛上，如果精心计划，你就可以拥有一段穿越英国人几代人生活的时光旅行。在牛津大学或剑桥大学这两所古老的大学，以及伦敦、约克和巴斯的部分地区，都是如此。

J

公平公正
Justice and Fairness

在大多数文明中，权力即正确。也就是说，资本和当权者掌控了法律和行政体系，人民群众对于自身权利得到法律保护的期望微乎其微。规则由统治者制定，为统治者服务。在他们与其他人之间，或者说在地方权贵家庭与个人、相对弱势、贫穷的居民之间，公平是无法指望的。

在法律与政治制度上，英国的一个显著特点是总体而言，人民既相信公正、也要求公正。尽管他们不是完全或总是确信，但基于以往的经验，公正是有希望得到的。他们相信冤屈会被洗清，也相信通过上诉、裁判或仲裁，就会有相关人员调查并保护他们。

所谓"公平竞争"，既是遵守成文的规则，同时作为一种精神，一直受到英国人的高度重视。他们的法律体系大多明确表现出对弱者、妇女、儿童、老人和穷人的保护。这里所关注的"平等"，也就是公平。直到普通法与衡平法两种体系融合之前，英国几乎一半的法院都是衡平法法院。

因此，总的来说，人们期望自己参与的所有"游戏"，无论是在经济、政治、家庭还是宗教生活中，都有潜在的规则，由稳固而非专制的体制所支撑。后文中我们会看到这对英国社会的信任水平产生的影响。

K

善良
Kindness

善良在英语中来源于"家族"或"亲属"一词。因此，其中隐含了应当出于共情和同感而善良待人的意思。这也意味着当你在做某件事时，并不期望得到即时或直接的回报，甚至不会得到别人的注意。你这样做只是为了表示平常的人道主义，为了减轻苦难，鼓励或支持他人。

当然，善良放之四海皆有，但英国人相对不同的是他们的善良不一定只对亲近的家人和邻里如是。这些人有可能是他们刚刚恰巧遇到的、以后不会再见的人，甚至可能是正在世界的另一边遭受某种痛苦的人。我记得一位日本朋友问我，为什么英国人有那么多救助陌生人的慈善组织。他说直到最近，这些组织在日本才被人所了解。

英国人将善良作为高度赞扬的美德有多种原因。这个高度流动化和个人主义盛行的社会，通过善良和亚当·斯密所说的"社会利益"而获得力量。

华兹华斯提出，"一个好人一生中最美好的部分就是他那些小小的、无名的、不为人知的爱和善行。"不为人知尤为重要，因为善良应当成为一种习惯，一件不会去考量或留名、不求任何回报就会去做的事。出于本能的善良是道德准则，是非常值得培养的，善良不是达到目的的手段，而是目的本身。

L

语言
Language

语言反映社会，也塑造社会。英语是现在世界通用的交流方式，因此有数以百万的人在努力学习英语，却发现英语很难掌握。了解英语的几个主要特点还是很有必要的。

英语是最早的"杂交"语言。它是西日耳曼语（盎格鲁-撒克逊语）加上一层又一层的借词和外来词。它由5世纪和6世纪来到群岛定居的人们带来，又在后来的移民潮影响下不断地变化，特别是受到11世纪诺曼人（法语）及后来其殖民地的影响。

表面上，英语看起来非常简单容易。就像英国以之闻名的体育项目一样，英语的规则很少，很少有明显的语法、变格，动词变化也很简单。然而正是由于缺少规则，才使英语极难掌握。这种语言正如英国不成文的宪法一样，充满了没有纳入语法的不成文的规则和惯例，对于母语使用者来说却是常识。

英语的简单和灵活使之成为一门世界性语言，但前提是对原始语言的改变。考虑到英语作为世界性语言的发展，我们或许应该用复数形式称为"英语族"。众所周知，英国和美国使用共同的语言而被区分，而世界上还有成千上万种不同版本的"洋泾浜英语"。

英语在横向和纵向上都有其方言体系：纵向按照阶级和教育程度区分，横向是从地理的角度。因此，我们不能说约克郡口音，而要说"北约克郡的上层中产阶级口音"不同于"南约克郡的工人阶级口音"，诸如此类。与大多数国家不同的是，来自不同地区的人们基本上可以互相理解，但同时又保持着（口音的）差异。同样，阶级之间也可以彼此交谈，但又保持着距离。

英语和它的使用者一样，在用法和形式上，其基本形式或者说语言本身表现出强烈的刻板和连续性，但同时其说话方式又极具创造力和灵活性。这门语言接纳了不断被创造出来的新词汇："脱欧"（Brexit），"推特"（tweet），"饿怒症"（hangry）。

英语微妙、丰富而优美，从莎士比亚到童话和现代诗歌的流行，英语被世界上很多伟大的文学所使用。无论是对当地人还是外来不得不学习这门语言的人来说，英语既是一种乐趣，也是无尽沮丧的源头。正如狄更斯可能会这样写道：这是世界上最好的也是最差的，最简单的也是最复杂的，最持久的也是最起伏不定的语言。

厕所
Lavatories

所有的动物，包括人类，都必须把他们吃喝的残留物作为尿液和粪便排泄出去。然而如何、何时、何地以及对排泄物的处理方式却千差万别，且与所在的特定文化有关。

在许多远东社会里，排泄行为传统上通常是一件相当"公共"的事情。例如，日本人直到19世纪都在田地和房屋两侧建造尿便池供公众使用，因为排泄物是庄稼非常有价值的肥料。我记得我第一次去法国的时候也感到相当震惊，男士公共小便池就位于繁忙的街道中间，所有的路人都能看到你的腿和上半身。

英国人利用他们的财富和大量家畜提供的粪肥发展的厕所系统，是他们伟大的出口产品之一。用于排泄的"茅房"或私密房间，或是花园尽头的小棚子很早就有了。排泄物有时也被用于给蔬菜施肥，但通常都被扔掉。

清除所谓的"废物"就需要用水。曾是剑桥大学国王学院学生的约翰·哈灵顿爵士（Sir John Harington）在16世纪80年代发明了抽水马桶。今天，抽水马桶无处不在，在日本的高科技厕所里，马桶和其他产品一样正接近完美。

从现在的情况来看，去上厕所在英国仍然是有点尴尬的事，厕所在美国被委婉地称为"休息室"（the rest room）。在英国，中产阶级现在通常将厕所称为"盥洗室"（the loo），"厕所"（the toilet）是工人阶级的叫法，"卫生间"（lavatories）则指的是公共厕所。不过关键是，当你拜访英国人的家或去到公共场所时，不要害羞，需要去时尽管问就好了。

自由
Liberty

　　自由，也就是所谓的权利自由，在英国倍受重视。任何人都不应该成为他人的奴隶。所有人都应当在英国哲学家约翰·穆勒界定的领域内享有自由，他在著名的著述《论自由》（*On Liberty*）中认为，人的自由是在不损害他人自由的前提下去做任何事。言论、思想和行为自由，都被英国人视为他们与生俱来的权利。他们当然知道，绝对的自由是不可能的，因为那会毁坏他人的自由，与自由相伴而来的是责任。

　　来到英国的人往往最能注意到这种自由，他们开始意识到自己不必再为了政府、牧师、其他公民和家人的想法而担心。几乎所有民族都曾生活在高度管制的环境里。人们曾生活在一种字面意义上，近乎奴役的状态下，来自大多数人群体的压力压迫着他们。

　　英国人的工作原则是应该有一些"禁止规则"。不能使用身体上的暴力，不能欺骗或撒谎，不能无视他人的权利。其余的事可以因人而异。这与试图通过无数"必须规则"限制人们思想和行为的大多数文名截然不同。必须做这个，应该做那个，诸如此类。"禁止规则"就像比赛中的最低限制，给予了人们更多的责任和自由。

伦敦
London

所有的大国都有首都，这个城市可能会随着政治的更迭而变迁，但始终是中央政府的所在地。英国在这方面也不例外——政府以及法律、经济（证券交易所、英格兰银行、大型保险公司和其他公司）中心都位于伦敦。

不同的是，伦敦在英国相对而言既是极为重要的，某种意义上也是不重要的。一方面，它曾经和现在都很重要，因为自中世纪后期以来，伦敦就掌控着这个国家的人口和经济。在大多数时期，近四分之一的（英国）人居住在伦敦，而超过四分之一的英国人曾长期在伦敦生活。伦敦的作风、思想和财富主宰了这个岛国。可以说，英国就是伦敦，伦敦就是英国。正如塞缪尔·约翰逊（Samuel Johnson）所说的，"谁要是厌倦了伦敦，谁就厌倦了生活"。它曾是一个多世纪以来世界上最大帝国的枢纽，其统治地位相对而言远远超过了罗马、巴黎和柏林。

另一方面，伦敦又是不重要的。那些高等学府都在别的地方。大主教和大教堂也多在伦敦以外。法官们在英国各地"巡回审判"，因此大部分司法都是地方性的。长期以来，富饶的农业和大多数制造业都是远离伦敦的。贵族和绅士们大部分的权力和生活也是远离伦敦的。像布里斯托尔、利物浦或格拉斯哥这些主要港口都在别处。伦敦的"季节"好，适合商业。然而英国人的头脑、心灵和精神大多在伦敦以外，他们看重的是乡村、城镇和港口。

伦敦是座古今层叠的神奇城市，非常值得仔细探索。不过你要是一直待在伦敦的话，是无法了解英国的。

M

礼貌
Manners

"举止造就人品"，许多英国学校都以此为校训。很奇怪，这意味着在英国，人最重要的不是财富、智慧、心灵上或是权力的区别，而是"礼貌"。

"礼貌"涉及社交行为的各个方面。总的来说，礼貌是关于你如何走路、交谈、吃饭、问候、着装以及如何和人打交道的。礼貌是一系列的个人表现，包括礼节、言语和手势。在某种程度上礼貌甚至涵盖了一个人的内心世界。这句格言经常被学校用作校训，因为大学和职业学校的首要目的之一，就是教导学生礼貌以及如何得体。一切礼貌都有的一种本质就是共情，即进入他人的角度思考和观察，易地而处的能力。另一种本质是英国人常说的"己所不欲，勿施于人"（Do as you would be done by）。也就是说，用你希望被对待的方式去对待别人。

练习礼仪举止最好的方法是在观察中学习，看当地人是如何表现得体的。除非你运气不好，否则你会看到叫嚷、推搡、发火、辱骂、目中无人和心胸狭小都是"不礼貌"的。讲礼貌则需要费些事，花费时间和精力。礼貌并非捷径。你会发现自己用尊重和礼貌对待他人，不只是为了得到直接的回报，而是有一天你可能也会需要陌生人的帮助。一个明显的例子是在开车时，你礼让另一辆车或是自行车通过，是因为有一天你可能会处于他们的位置上。

世事变化，把所有礼貌和不礼貌的行为一一罗列清楚是不可能的。但无论如何，赫曼·凡·平克勒–穆斯考（Hermann von Puckler-Muskau）的建议依然实用。"在所有冒犯英国礼仪的行为中，以下三项最为严重：用刀而非叉子把食物送入口中；用手指拿起方糖或芦笋；尤其是在房间里随地吐痰……"

面具
Masks

　　纵观世界，许多文化都有用面具装扮面部的习俗。在欧洲南部和东部的大部分地区以及印度、中国、非洲和太平洋的部分地区，人们在狂欢节或其他特殊场合（如化装舞会）中把实体的面具戴在脸上。有的面具则是直接画在脸上消除所有的表情，比如日本艺伎的妆容或是中国某些戏曲的脸谱。

　　奇怪的是，除了在一些当地的民间节日或偶尔的舞会上，面具在英国并不常见。我常常思考为什么戴面具在英国如此少见，在所有可能的原因中，得出如下两种推测。

　　面具的一种用处是在热情的、面对面、稳定的社区中——比如意大利的一个小镇，一个由地主和农民组成的小乡村。人们彼此非常了解，而在狂欢节或其他场合中戴上面具可以让人们隐去身份，产生距离。英格兰人口流动性大，本身已经到处是陌生人，这种把非常熟悉的人变成陌生人的需求就不是那么强烈了。

　　另一种解释是正如很多人注意到的那样，英国人似乎戴着一副永久的面具。我们在学校时就被教导不要流露自己的情绪。即使是在生气、受伤或极其沮丧时，我们也要保持上唇不动、面无表情。英国人用这副取不下来的面具掩饰他们内心秘密波动的情绪。英国人不需要面具，因为他们的脸就是永久的面具，日本人更是如此。

男人
Men

英国男人的古怪之处不在于他们是怎样，而在于他们不是怎样。这种缺失很难把握。当我们审视几乎所有的文明时，我们会发现男性和女性之间有一种强烈的对立。以中国为例，"阴"代表着女性的一面，与之相关的是月亮、阴影和隐藏的事物。"阳"意味着积极或正向的一面，比如太阳、开放、阳刚。从而，男性有着与生俱来的优势。

几乎在所有的宗教里，包括基督教的天主教派在内，女人的地位都是低于男人的。就大多数文明而言，男性拥有几乎所有的法律权利，而女性却没有独立的权利。

英国的男性在所有这些方面都不相符。英语中没有性别对立的概念，不像所有的罗曼语族中需要区分名词的阳性和阴性。在法律上，虽然男性传统上在婚姻中享有特权，但单身或丧偶的女性与男性是平等的。而在选举或薪酬上，女性长期以来受到不平等的待遇。

英国男人必须劝说，而不是命令他们的妻子或女儿。男女之间没有主仆关系。他们必须分享而不是独占好事；必须把身边的女性当作平等的个体和伴侣；必须表现礼貌和关心。狂妄自大和大男子主义是不会留下好印象的。显而易见的是，女人主导男人，而不是相反。认识到英国人的这一点十分重要，真正的英国绅士一定应该是一个温柔的人。

混乱
Muddle

支撑在历史上第一个工业资本主义文明和最大帝国背后的法律与政治体系，完全是一片混乱。这种混乱就像是一团乱麻，有的地方打结，有的地方交叠，到处是模糊不清的事情或思想。这看上去是一种缺点，但英国人却并没有为生活在长期的混乱中而沮丧，事实上，他们将之看作是一种优点。

"得过且过"是一种美德，英国人喜欢的书和电视剧很多是围绕"得过且过"的人物展开的，《老爸上战场》中的曼纳林上尉、《弗尔蒂旅馆》中的巴兹尔·弗尔蒂（Basil

Fawlty）都是这样的角色。

相比于那些强调明确、一致、逻辑完整、仔细划分界限的传统美德，英国人的天赋点总是恰恰相反。他们的建筑杂乱无章，他们的语法糊里糊涂，他们的政治和法律充斥着模棱两可的地方，任何关注议会或法律审理的人都能随时发现这些混乱。

正如蒲柏在第一版《人论》中写到的，生活就是"一座毫无计划的巨大迷宫"。在以往经验基础上的不断累加、强烈而又对立的个人主义、复杂多样的教派和利益集团、决定性基础建设的缺失，这一切都必然导致了混乱的结果。正是这些混乱的人按照混乱的想法，在一派混乱中影响了我们这个现代化的、令人惊奇的世界。

N

畏惧黑夜
Night Fears

每一种文明都有自己独特的恐惧，潜伏在日常生活理性的边缘。尽管英国人大多表现得相当客观、务实，具备常识而很少迷信，他们也有对于夜晚的恐惧。

关于女巫的传说便是其中之一。这些女人通常被认为拥有邪恶的力量，会使用魔力、咒语和小恶魔中伤她们的敌人。虽然英格兰的巫术时代主要集中于1560年至1660年，对巫术的迫害也没有苏格兰和欧洲大陆极端，巫术信仰在英格兰乡村地区却一直延续到19世纪。

这种巫术是指一个人与魔鬼结成契约，并加入秘密组织的一部分（巫师会），试图通过在空中飞行、亵渎神明从而颠覆整个文明，这在远东地区鲜为人知，却显然与基督教信仰有关。

英格兰的另一种恐惧则是关于幽灵，那些出来作祟的横死的魂灵。英国人是写鬼故事的能手，许多老房子里（传说）都有无头鬼或披着床单的诡异身影。

英国人还热衷于占星术、敲桌子和其他许多方面的超自然现象研究。这些在19世纪后期达到了一个高峰，但今天仍有很多英国人会查询星盘、分析星座，避免走在楼梯下面，在打碎镜子或把盐碰撒时感到不安。这一切都反映了他们印象深刻的儿时故事，与英国人平常的实用主义背道而驰。

O

橡树
Oak Trees

每个文明一般都有一种标志性的树木，既有象征意义，又有实用价值。中国人的是古老而耐寒的树木银杏，日本人的是柔韧而用途多样的竹子，印度人的是菩提树。英国的则是橡树，其中也包含了英国的文化。

橡树象征着强大——英国海军中传唱的歌曲中就重复有这样的副歌：

橡树之心在船上，

我们踩着焦油，

我们随时准备好：噢，伙伴，站稳点！

我们会战斗一次又一次地征服。①

一棵橡树可以生长好几百年；今天英国的一些橡树可以

---

① *Heart of Oak are our ships,*
Jolly Tars are our men,
We always are ready:Steady, boys, Steady!
We'll fight and we'll conquer again and again.

追溯到诺曼征服甚至更早，林肯郡有一棵橡树已经超过一千岁了。这些橡树象征着英国文明的连续性与持久性。英格兰就像橡树一样，在古老的岁月中变得盘根错节。

橡树对于英国的文化和命运同样至关重要。没有橡木来支撑石头屋顶，大教堂就不可能建成。1588年从西班牙无敌舰队以及两个世纪后拿破仑的手中拯救了英国的战舰也是用橡木制成，而这些战舰在后来缔造了大英帝国。

英国人用来蒸馏和储藏酒水，特别是威士忌的木桶都是橡木桶。橡子过去被用来喂猪，英国最好的房屋和家具很多也是用橡木打造的。英格兰是一个橡树文明，尽管橡木在今天正被合成物质所取代。橡树林一直得到精心的保护，现在仍有保留。这些橡树林非常值得一去，在王室庄园就有一些。

P

赞助
Patronage

在大多数人类社会中，为了获得事业成功或者安全感，你需要一个或多个赞助人，也就是说和地位比你高的人建立起人际关系。你给予他或她尊重、支持和礼物，他或她提供你保护，帮助你提升。一旦你强大了，除了上面的赞助人，你还需要有下面的"委托人"或恭敬忠诚的追随者。这种赞助—委托关系从印度到中东、地中海以及南美地区都十分普遍。

而18世纪约翰逊在他编辑的词典中，则把"赞助人"（patron）描述成了一个没有信誉时要求信誉的无赖形象。事实上，除了一般意义上的艺术或文学领域的赞助人，这个词在英国很少使用。这一点很奇怪，尽管英国人经常在某个学习技能的领域称一个人为专家，就像大学里的"文学硕士（MA）"和博士生导师，又或者钢琴老师和陶艺大师，赞助却另当别论。长时间、不平等的、提供持续保护的赞助人和长期卑躬屈膝的委托人，在英国几乎是不存在的。

这就意味着虽然在你想要学习某些技能或作为导师时，找到有权势和影响力的人会有所帮助，但你要知道一般意义上的赞助在英国社会是不被认可的。你受法律的保护，应以自己的能力为荣，当然相对平等的关系还是有益的。在英国，你不需要给某个赞助人送礼或毕恭毕敬，这样做会引起猜疑。

个人记录
Personal Records

英国人大概是世界历史上最喜欢写信、写日记、写自传的民族。通过半个多世纪以来的种种文献资料，足以事无巨细地窥探英国男人和女人的内心世界。

日记材料就多得惊人，除了17世纪数卷本的《佩皮斯日记》（*The Diary of Samuel Pepys*）、詹姆士·包斯威尔（James Boswell）半日记式的《约翰逊传》（*Life of Johnson and Travels*）、19世纪《基尔维特日记》（*Kilvert's Diary*）这些成山的日记外，还有各种下到底层工人、普通士兵，上到贵族和帝国统治者的日记。清教主义所鼓励的自省，强烈的个人主义和自我意识都解释了这成千上万的日记留存下来的原因，其中许多还出版了。

此外还有大量反映一个人一生的自传。然而最精彩的材料，可能还是数以百万的个人信件，这些书信横跨了几个世纪，得以大量保留，很多已经出版。它们以戏剧性和最直接的方式带领读者走进过去的思想，甚至是比日记更有力的（个人记录）。

书信大量存世的原因有很多。英国人口的高度流动性以及他们很早地与子女分离，特别是通过想象中的社群所维系的幅员辽阔的帝国，都使得书信在英国成为一种至高的艺术形式。拿我自己来说，从八岁起就被要求从寄宿学校写信，每周都要与在印度的父母书信往来。像我的父母和祖辈们一样，我们保存了这些珍贵的信件。有朝一日，这些信会和前人们数以百万计的信件一样成为史料，同样还有我现在写的比过去任何时候都多的电子邮件。

宠物
Pets

所有的社会都饲养动物，并且通常把它们分成以人类为中心的三个圈层——可以被猎杀的野生动物，作为个人或集体财产被利用的驯养动物，以及最内层几乎与人类同属一级的宠物。然而饲养宠物，尤其是猫猫狗狗，却被视为是英国人痴迷的事。（养宠物）和体育、比赛、语言、法律和民主一样，在最近几十年里早已走出了盎格鲁文化圈，但在过去几个世纪里都是英国特有的。

关于其中的原因有很多说法。是因为英国人在子女离家或是伴侣去世后感到孤独，用宠物来填补空虚？还是很多人尤其是女性选择不婚，单身的人与猫为伴成了一种普遍现象？还是因为英国人都相对富裕，有房子养宠物，有钱喂宠物？

无论出于什么原因，重要的是正如很多人所注意到的那样，英国人对宠物的爱似乎和对亲近的家人的爱一样多或更甚，哪怕是金鱼这样的小宠物。除了亲密的家人以外，他们花在宠物身上的钱比花在别人身上的都多。

当你遇到英国人的宠物时，请记得要尊重它，或许得假装表现出对小孩子那般的喜爱。对于很多英国人而言，宠物是一种亲密的延伸，所以请记住那句英国的谚语，"爱屋及乌"（Love me，love my dog）。

庸人
Philistine

"庸俗主义者"一词源于一个圣经团体的名字，在英国被用来指缺乏文化修养的人。这些人可能很富有，甚至受过良好的教育，知识渊博，但他们对于高雅文化的品位却是狭隘浅薄的。他们对艺术、音乐、文学知之甚少且了无兴趣，只是埋头于自己擅长的工作。英国前首相撒切尔就经常被嘲笑没有品位和鉴赏力。

来自高雅的欧洲国家的朋友向我评论说，许多英国的中产阶级似乎对文化漠不关心。相比任何高雅艺术，他们更感兴趣的是赚钱、玩游戏、打猎或是钓鱼。一般来说，正如萧伯纳在《为清教徒写的三部戏剧》（*Three Plays for Puritans*）中分析的那样，（英国人）可能确实如此。

很难说这是否是英国历史上清教主义时期的残余，即对浪费、轻浮、炫耀、世俗之物都嗤之以鼻。当然，如果从中国、印度或是法国来到英国的人想要谈论古典音乐、现代艺术或电影的最新动向，那么他可能会感到失望。最好是从板球或足球聊起，再发展到其他话题。英国不乏优秀的音乐、绘画和电影艺术，但不是每个人都对此感兴趣。

实证主义与经验论
Positivism and Empiricism

在每一种文明中掌握某种特定的思想都并非易事，但如果对许多外国人都留意到的这件事不加关注，就谈不上理解英国人。那就是英国人在思想上似乎深深扎根于物质世界，即我们所说的实证主义，一种从这个物质世界中可观察到的"事实"出发，再从这些现象向上论证（归纳）

的哲学。另一个层面来说是经验论，认为逻辑应该从基于
真实现象的实践中获得，而一切知识都通过经验而获得。

在科学领域，这种方法论由英国哲学家和实验科学的
创始人培根所倡导。认为一般规律建立在经验之上，也是
休谟认识论的一个核心，从具体的感知和经验现象出发，
进而扩展形成观念。

这一切与法国或意大利的科学发展历史大不相同，以
笛卡尔（的理论）为例，即在一定的逻辑前提下，以一种
更抽象、更数学的方式对物质世界进行归纳演绎。

这也反映在其他许多方面的差异上。比如英国的法
律，正如我们所看到的，常常是特别设置的或经验性的，
而罗马法则是从一般原则出发。英国的商业、城镇规划、
文学，几乎所有事情都是务实主义、以事实为基础的，而
在欧洲的大部分地区或信奉儒家思想的中国，制度都更为
一致且体系化，并建立在一套贯穿整个体系的逻辑前提之
上。英国人的不同在于"他们对抽象思维持有一种恐惧，
认为任何哲学和系统的'世界观'都是不需要的"。

隐私
Privacy

当我和妻子住进尼泊尔喜马拉雅山脚下的一个村庄时，缺乏隐私这一点让我们感到震惊。虽然我小时候在寄宿学校里经历过集体生活，但即使是那时也有一些事物是私人的，人们会尊重你的私人空间。成年后，我家的正门就是一道屏障，人们只有收到邀请才能通过。

在尼泊尔的一个小村庄里，以及在世界上的大部分地方，关于隐私的观念则与英国大不相同。或许也有非常私密的区域，比如房屋中女子清净的闺阁，传统日本住宅中的厨房，中国的皇宫。然而总的来说，房屋间是可以来回走动的。你不需要计划安排去拜访你的邻居或亲戚。朋友、邻居和家人之间都可以搭伙做饭，更别说坐下来喝杯茶。

英国人在过去和直到今天都是相当在意隐私的民族。一个极端的例子是我在剑桥大学国王学院的教室，有八扇门隔绝在我和街上的人之间，但对隐私的渴望是普遍存在的。即使是我沿路去拜访我的女儿，也要先大声打个招呼，而不会想着在未经明确允许的情况下溜达进邻居的房子或花园。

对于那些初来英国的人，建议是先了解当地的隐私习惯，因为即使是那些看起来开放的公共场所，像伦敦的某些公园、牛津大学和剑桥大学的有些学院、一些海滩、高尔夫球场、河流以及荒野都属于私人。这些地方并不总是明确标识，因为当地人认为其他英国人都会知道这里是私人的，但你却应该当心。不久前，有件事让英国人感到既好笑又愤慨，一车游客来到了一座风景如画的英国村庄，进入村舍的花园就在草地上开始野餐。请注意（这种行为）。

Q

排队
Queuing

　　让过去来到英国的游客感到惊讶，觉得又好笑又恼火的事情之一，就是英国人排队的习惯，尽管今天仍无甚改变。很多人都会发现，当一种资源供应稀缺时，如火车票、商店商品，或者是等待进入画廊、电影院或是足球场时，英国人似乎不加思考且无须费力就排成了一队。甚至是开车时他们也在好好排队。

　　虽然这与印度及其他地方的机场、火车站或繁忙的马路上那种混乱景象的差异显而易见，但我却很少看到关于英国人为什么这样排队、排队是如何与英国社会的其他方面相联系的解释。

而原因其实很简单。英国人的高度个人主义，对上帝、法律和市场面前人人平等的信念，使他们需要一种公平公正的组织方式来获取特殊资源。任何人不能使用阶级、性别、年龄、政治或经济力量让自己插队到队伍的前面，虽然在机场你还是可以花钱排队乘公务舱。

不管你是穷人还是富人，男性还是女性，贵族或是平民，都得遵守秩序。时间在英国十分宝贵，因此先到的人被承认拥有优先权。"插队"是极其粗鲁和无礼的行为。只有在紧急情况下并且经过解释，你才能换到队伍的前面。

R

革命
Revolution

革命，无论是在政治、经济、社会或更多情况下发生在所有领域，都是一切基本规则被颠覆改变的时刻。与一场叛乱或小规模的动荡不同，革命是把比赛从板球改为足球，从封建制度转向资本主义；而叛乱只会替换球队或是改变裁判。

英国人一个独特的特点就是他们的文明是在微小的、渐进增加的变化中不断发展——在进化而非革命中发展。唯一可以称为革命的是17世纪中叶奥利弗·克伦威尔时代的"光荣革命"。然而这在很多年里也被称为是"大反叛"，虽然这场革命在几年内就废黜了国王并发起了一些经济和宗教的改革，但1660年王朝复辟后，体制又恢复了从前，只是稍有改变。

几乎每个文明都经历过不止一次的大革命，最著名的比如法国大革命和俄国十月革命，英国的"革命"与之相比显得微乎其微。同样，所谓的美国独立战争这场革命，也几乎没有在宗教、经济或社会制度方面产生改变，尽管其确实改变了高层的政治结构。

因此，英国人在历史上并没有经历过大的分裂或割裂，也许除了后来18世纪和19世纪的工业革命。英国人喜欢改进、调整、发明和再发明。谈到革命，他们想到的画面是血腥和混乱，而最终的结果是革命带来的苦难会使一切变得更糟。关于这些我在"1968年学生运动"50周年之际也撰写过评论。当时我就在英国运动爆发的中心，伦敦经济学院。然而我几乎没注意到运动的进行，很难看出这场运动带来了多大变化。

永无休止
Restlessness

正如卡尔·沃纳所说，如果我们要寻找现代资本主义的精髓，我们可以用一个词来概括，"'Unruhn'，意为永无止境的运动，也有焦虑、不安的意思——在英语中表达为'动荡'（unrest）和'焦躁不安'（restlessness）……"

这很符合英国人的情况。虽然英国人可以在一品脱啤酒、一根钓竿或一场板球比赛中得到放松，但他们的大部分生活似乎都表现出一种不断要去做事的欲望——赚钱、旅游、参加激烈的运动或比赛。站在欧洲人的角度来看，他们好像是一个永无休止的民族。

和日本一样，孩子们从小与父母分离去寻找自己的生活方式，可能是造成这种不安和焦虑的一个原因。你从来都不是一个团体的永久成员，必须要通过不断的努力来赢得和维持自己的位置。英国人有着最悠闲，也是最活跃和最努力的社会之一。我从我上的第一所学校的校训中就学到了这一点，"循此苦旅，以达天际"（per ardua ad solem）。满足和休息就像天边的彩虹，总是遥不可及。我得时刻保持警惕，不断地前进，每个小时都要证明和提升自己。

通过仪式
Rites of Passage

法语中所谓的通过仪式（rites de passage），总的来说是指人一生中那些最重要的时刻，当一个人出生，从儿童进入成年（青春期仪式），再到结婚，死亡和埋葬。大多数社会都对这些事件的部分或全部高度重视，并围绕它们形成了许多仪式。人们，尤其是以家庭为单位，往往以热烈的庆祝或沉重的悲伤来纪念这些事件，比如聚会、宴请、送礼、牧师吟诵祷文等。

英国人虽然也有一些这样的仪式，但重要的通过仪式往往是安静的。有的人对此解释为（英国人）清教主义、低调、宗教信仰的原因，有的人解释为家庭的脆弱性，有的人认为是忙碌的生活几乎没有时间来举办仪式，还有人认为是不想浪费金钱。无论出于何种原因，除了王室婚礼或是重要公众人物去世这种例外情况，游客应该能注意到如果不是家人亲密的朋友，不太可能被英国人邀请参加洗礼、婚礼或葬礼。

人类学家已经发现在许多社会中人们会受到婚姻或死亡的影响，一些必要的社会关系因此而重组。而在英国，你可以在只有几个人的见证下去登记处结婚，或是就葬在自己家的后花园里。这是个人且隐私的事情。很少有人会受此影响，除非是爱人离世而感到悲痛，或是为关系远一些的朋友、同事感到悲伤。

但这些生离死别对社会的基本组织结构则无甚影响。

王室
Royal Family

英国拥有世界上最古老、最强大的王室之一。在一个宣扬法律面前人人平等、人人自由的国家，这种基于血缘和某种意义上先天优势的世袭权力结构的存在或许令人惊奇。同样，上议院的所有礼仪以及世袭的贵族似乎都与这一体制背道而驰。

如果没有对英国历史的深刻研究，这确实十分费解。也许可以这样理解，就像大部分历史时期的日本人一样，英国人看到了把权力尽可能分割的好处。因此，将礼制权力赋予王室和贵族，与行政权力这一部分分开，避免了一些危险，比如在美国的总统制中，权力就变得非常集中，而英国人认为这会导致腐败。

或者说，我们可以看到英国王室从很早开始就有其独特性。君主立宪制意味着王室不再是君权神授，没有上帝赋予的绝对权力。国王或女王与人民签订契约并受法律约束，只要他们合理地履行职责就可以被接受。

整个契约制度在1215年被载入《大宪章》，在对查理一世的处决和詹姆斯二世的罢黜中得到体现，17世纪末由约翰·洛克正式提出，君主应对人民负责。在这一制度下，王室成为英国人民的娱乐，让英国人团结在一起，互相温暖，有时得到人民的喜爱。英国人会取笑他们的王室，但又觉得自己因为王室的存在得到了延伸。

S

海洋
Seas

今天，来到英国的人能看到的四周环海带给英国巨大影响的直接痕迹已经不多了。他会看到的是夏天拥挤的沙滩，游艇停泊的海港，一些集装箱港口以及餐盘中的鱼。而这只是暗示了英国曾经是一个航海的民族。

事实上，英国人能够高效地旅行至世界上几乎所有的角落，用最省力的方式运输大件货物，并且防御敌人，也就是说，海洋是对英国最大的影响因素之一。从地图上看，位于欧亚大陆顶端的英国十分偏远，但海洋的存在意味着其实际上离世界很近，从波罗的海到大西洋，再到地中海穿过大洋彼岸。因此英国就像荷兰或葡萄牙一样，大门向全世界打开。它受益于来自全球的思想和商品。

海洋还保护英国免于饥荒，因为通过海运可以轻易地把货物运到食物短缺的地区，而且周边的鱼类和其他海洋资源为陆地上的食物提供了补给。海洋跟煤炭和茶一样流淌在英国人的血液里，在这些岛屿上没有人生活在离海50英里（1英里=1609.34米）以外的地方。这与大多数拥有广袤土地的大陆文明不同。海洋、自由、创造和平等似乎贯穿了英国的历史。

秘密和谎言
Secrets and Lies

英国人的另一个矛盾之处是既非常尊重诚实、真相、信任和正直的行为，又以掩饰和保守秘密（只要不是彻头彻尾的说谎）而著称。上面的标题来自迈克·李（Mike Leigh）的一部电影，其中讲述了英国家庭生活中的虚伪，即到处是欺骗、真假参半和逃避面对真相的企图。凡此种种，不一而足。

所有社会都有自己的各种秘密和谎言，但英国的引人注目也许有两个原因。一是他们制定了很高的标准，有着清教主义的道德准则，所以当秘密和谎言被揭露时，相比其他地方会引起更多的愤慨。二是在全世界大多数面对面的社会中，都很难保守秘密。你的一切别人都知道。

在英国，高度流动和个人主义的社会已经让人们隐藏了他们大部分的生活。事实上，人们普遍认为个人的隐私权和保密权是受到保护的，尽管英国人还拥有着世界上最具侵入性的公众新闻系统之一。以法律为例，英国的法律允许人保持沉默。

很多英国人的生活都有着双重标准，人们说的是事实，但又不一定是全部的事实。最好不要刨根问底，即使是对与你亲近的人。

安全
Security

作为一个英国人，我非常幸运不用担心自己的安全。

核战争的威胁也许存在，地方层面的罢工或失业可能会发生，但基本上我每天醒来都感觉到我和我的家人朋友是安全的。我们不会突然得知自己的生意、房屋或其他资产被扣押。我们也不会忽然发现自己身无分文甚至连最低社会保障都没有。如果生病了，我们会得到免费治疗。我们的孩子也可以接受免费教育。

最近我与一位访问学者交谈时，才意识到这是多么罕见的事。我问他在家生活印象最深的事是什么，和他在英国的几个月有什么不同。他说在他的国家，每个人都感到不安全。当他们回顾国家的历史，发现革命、灾难性的清洗、饥荒和血流成河的记忆都并不遥远。他们目睹过成功人士的倒台甚至"消失"。动荡持续不断，一切都是不可预测的。

这种差异植根于英国历史的许多方面，这座小岛幸运的地理位置使其较少受到入侵，不必面对周期性的革命。或许最重要的是，英国的法律制度以及普通法值得赞扬的保障性，保护了人民免受独裁统治，特别是17世纪查理一世的专政。

服务
Service

服务的意思是在一种私人的主顾关系中为另一个人工作。这是基于隐含或明确的合同进行的。这种活动的主要形式之一就是产生所谓的"佣人"。

直到19世纪初，英国还到处都是佣人，无论是在农业生产、家庭还是学校等机构中。佣人（一般情况下）是不相关的人，往往很年轻，他们在家庭或机构里做那些在其他文明中由儿童或贫穷的亲戚担任的工作。为此他们会得到一份合同，通常为期一年，并获得一定的报酬，还有食物、住宿和衣服。

这种普遍存在的以佣人为基础的世界从两百年前开始缩小，而它的一部分仍然存在于各种机构当中，比如牛津和剑桥等大学、寄宿学校、酒店和许多办公室里的职工。吸尘器、洗衣机和洗碗机消除了大多数中产阶级家庭对佣人的需求，但即使是在我小时候，我父母的很多富人朋友都有佣人，我妻子小时候就是由家里的一个佣人带大的。

尽管从第二次世界大战以来，各种专门的家仆的数量已经迅速减少，但忽略了他们的重要性，就很难理解英国人的本质。从小孩子的保姆到大一点孩子的家庭教师，从管家和家丁再到门房和园丁，英国文学和生活中充满了佣人的身影。很多描写英国人见解最为深刻的小说，无论是英国人写的诸如P. G. 伍德豪斯的《吉夫斯》（*Jeeves*）系列，还是来自旁观者的石黑一雄《长日将尽》（*The Remains of the Day*）等作品，都把焦点放在了主仆关系上。

服务人员（服务生、行李员、清洁工等）的长期存在意味着一个社会必须接受暂时的不平等。游客去到美国会发现美国人对服务业背后的不平等感到震惊。成为一个佣人是对一个自由人的不尊重。

总的来说，英国人通过合理对待他们的佣人来解决这个问题。佣人们更弱势、更贫穷，在合同关系中缺乏独立和自由，但他们也是受保护的。如果你因为行为不端而违反了与佣人的合同，那么他们可以自主离开，甚至在法庭上起诉你。

人们相信，一个品格高尚而值得尊敬的人应当以善良、尊重的态度对待那些服务自己的人，将他们视为人而非机器或动物。现如今，如果你在酒店、餐厅、学校甚至公交车上遇到服务人员，示以微笑、友好的手势或感谢的话语都是值得赞赏的。

性
Sex

当乔治·麦克斯（George Mikes）在论述《如何成为一个英国人》（*How to be a Brit*）时，在标题"性"下面只写了一行字，"其他社会有性关系，英国人有暖水瓶。"这种笑话也出现在20世纪70年代伦敦一部戏剧的名字中，"莫谈性事，我们是英国人"。其中影射了一种刻板印象，即英国人相比他们"热血"的欧洲大陆邻居，或者说不像世界上其他地方的好色之徒那样欲火中烧。

这么说有一半是事实。纵观英国文化，情色主题多少是克制的。雕刻不似印度的情色艺术，绘画中的裸体也比意大利的艺术更少，诗歌和小说大多相对纯洁（尽管也有明显的例外），红灯区和色情行业并不处于边缘末端。他们的衣着一般则是得体的。

有的人认为这归因于清教主义，因为清教主义严格约束了肉体的罪行，尤其是不正当的性行为。有的人则解释为公立学校里对手淫的恐惧。也有的人提出还有很多其他的快乐源泉可以选择，生活不只有暖水瓶或是伴侣式婚姻，还有我们在学校里那些艰苦的比赛用兴奋和疲惫驱走了性的念头。人们会注意到一种相对低调，有时甚至是压抑的态度，正如萧伯纳和王尔德等讽刺作家所发现的那样。

对英国人而言，性暗示，更不用说性别歧视笑话，是必须小心注意的。一些粗鲁的性行为可能会构成严重的犯罪。情况现在极其复杂，因为尽管各种禁忌强烈一如往常，禁忌的内容却每天都在变化。当旧的禁忌，比如对同性恋的禁止几乎已经消失，人们开始更多地关注对儿童的不端行为，尽管这通常与性和权力信任的滥用都有关。在这种敏感领域，行事谦逊和谨慎非常重要。

射击和武器
Shooting and Weapons

很多社会在历史上都有过和平的无武器时期。然而即使是在最和平的那几个世纪，日本也有武士群体，武士日常佩刀，操练武艺。还有许多其他社会的人们生活在充满威胁的世界里，这些威胁来自其他人或动物，他们手中都要备有武器。

几个世纪以来英国人的一个不同寻常之处就是没有武器，这显然与其岛屿的保护、有力的中央政府和法律以及强大的地方政府相关。从中世纪开始，武器的持有就受到严格管制，大多数人都禁止持有攻击性武器。人们的照片和财产清单表明，这些规则在很大程度上得到了遵守。

在过去，被发现携带武器诸如剑、长刀和枪的人会受到严惩。警察和其他执法人员至今仍保持着几乎不配武器的传统，除了短棍或警棍。正是武器的缺乏使得人们在16世纪40年代英国内战开始时，发现几乎没有武器可用于战斗。

所有这一切都让一件事变得不可思议，就是这个几乎没有武器的英国社会（除了猎杀动物的富人，或是在对外战争中训练使用弓箭的自耕农，当然还有布满武器的战舰）却产生了地球上枪支最多的文化之一——美国社会。早期定居者与印第安人、与野生动物以及英国人作战的心态被人为地保留了下来，成了今天在世界其他文化看来是疯狂的持枪主义。然而在英国，你不需要，甚至永远不应该获取任何攻击性武器，刀或者是枪，但当然在帝国时代出征的英国人是全副武装，随时准备战斗的。

斯巴达
Spartan

"斯巴达式"一词来源于古希腊王国斯巴达岛上严酷的

训练和战斗，与哲学的雅典形成鲜明对比，用来形容英国人十分合适。当然，在第二次世界大战后的艰苦岁月里，以及在有着"玉不琢，不成器"（a hard nurse of man）之类座右铭的寄宿学校里，我们接受的教育是朴素、粗糙、不舒适的生活将有益于一个人。今天的人们也经常会发现英国人的家里光秃秃的，只有硬椅子和硬床，粗糙的衣服和毯子，窗户永远敞开，食物简单而基础。

同样，这与清教的历史以及反感官主义的特点是分不开的。强调简单和极简主义的审美也与之相关。人们憎恶一切浪费，反感太过招摇的展示和消费，讨厌所谓的炫耀。这一点英国与荷兰和斯堪的纳维亚以及其他新教国家和地区相一致，这些国家虽然也很富裕，但物质文化却得到很好的控制。

来自其他地方的"新富群体"可能会觉得英国人过着"斯巴达式"的生活。汽车很小，旅馆有时略显破旧，只有基本的食物和饮料，还没有暖气。

正如一句英国谚语所说，"凡事预则立"（Forewarned is forearmed）。如果这种斯巴达式的条件给你造成了特殊的困难，试着去向你的东道主解释这个问题。他们一般都会尽力帮忙。不要默默忍受。当地人可能会用不同的方式体谅你，给你额外的枕头或炉火，甚至关上窗户。

夏天
Summer

英格兰的气候温和，不像中国或欧洲一些大陆国家那样，冬天白雪皑皑，夏天烈日炎炎。季节相互交融，而英国人珍视每一个季节，尤其是正值变化的春天和冬天。

夏天是庆祝和休闲的季节。传统上这段时间在播种之后和收获之前，是农村的农闲时节。各行各业的人都在夏天开始休息，议会、法院和学校纷纷关闭。

一些人去荒野捕猎鲑鱼和松鸡，一些人一年一度的短途旅行则是去海滨小镇。许多体育和文化活动都在这时举行，这些活动在今天对于某些社会阶层仍然很重要——比如皇家阿斯科特赛马会、温莎马展、切尔西花展、艺术与文学展、温布尔登网球锦标赛和BBC逍遥音乐会。

对个人来说，这正是在郊野公园游玩、在花园里烧烤、放松休息和养精蓄锐的时候。游客们从五月到九月将在英国度过一段特别愉快的时光，尽管拥挤的人群和频繁的大雨与冷空气有时可能会扫兴。

苦与甜
Sweet and Bitter

我在读到大卫·艾伦（David Allen）基于消费者调查和广告的《英国味道》（*British Tastes*）一书之前，从未意识到英国可以被解读为其古老贸易模式和外国影响的反射。例如，艾伦指出，英格兰的西海岸是从西印度群岛运输糖类船只的理想海岸。沿着海岸线，你可以找到那些以糖为原材料的食品和饮料制造业。

布里斯托尔以其口感甜润的雪莉酒著称——也就是非常有名的"布里斯托尔奶油"。再往北，肯德尔镇的酒吧以甜品出名，肯德尔薄荷蛋糕深受登山者的喜爱。在更北的地方，格拉斯哥的人们酷爱甜饼干，黄油小酥饼尤其是人们的挚爱。

艾伦还写到，英格兰的中部由于工业革命中的作用而有"黑乡"之称，那里出产的苦酱汁赋予了新工业工人的食品以生命，比如伍斯特沙司和英式辣香醋。

我们还可以举出其他的例子。英格兰的东海岸与荷兰最近，从东安格利亚一直到苏格兰东海岸，都能看到荷兰建筑、排水系统甚至瓷砖的痕迹。

当然，许多文明中都可以找到类似的贸易效应。但因为英格兰在狭小的地域内贸易却高度发达，其影响才被夸大了。那些在历史的潮流中塑造了这个小国的事物和思想的痕迹，值得我们留心去观察。

T

禁忌
Taboo

"禁忌"一词有两种不同的含义。一般来说，禁忌是指任何被禁止的事情。在街上吐痰、骚扰其他男性或女性、让狗排泄在操场上、发表种族主义或性别歧视的言论都是禁忌。正如我们所看到的，英国在无数细小的、禁止的事情上表现出与其他国家的差异。

禁忌的另一种含义，也是这个词的本义（源于波利尼西亚语族），来自人类学的研究发现在某些社会中，事物被"禁忌"意味着它们相比被禁止的事物在当地遭遇的抵触要强烈得多。人类学家回溯这个词的目的是展现其所包含的不熟悉的意义。

从这种强烈的意义上来讲，禁忌的意思是某些行为，也许是语言或思想，一旦使用或付诸实践，就会自动带来灾难。俄狄浦斯的悲剧就是一个著名的例子，他在不知情的情况下娶了自己的母亲并杀死了自己的父亲，最后自己也被追杀。

在有强烈禁忌的社会中，许多明显是随机的事件都被神秘的危险所包围。如果你砍倒了某一棵树，触碰了某一块石头，吃了某只动物，即使你并无恶意，也会自动受到某种精神的惩罚。

或许从孩童时起，英国人就有一种信念，认为自己身边存在着危险和不可跨越的界限。即使成了成年人，他们也相信危险的不可预测。然而，总的来说，英国人在强烈的意义上是没有禁忌的，即使复杂的文化和社会制度让他们的生活充满了无数不断变化的小禁忌，英国人甚至是更多来到英国的游客都不停地在上面摔跟头。

税收
Taxation

亚当·斯密曾提出，高效公平的税收制度是一个国家财富增长背后的三大主要因素之一，英国的历史基于他的理论而发展，也证实了他的观点。英国的税收无论是过去还是现在，都在各个方面表现出特殊性。

几个世纪以来，英国人向政府缴纳的人均税额远远超过欧洲国家或印度等其他地方。然而人们并没有对其发出抗议和反抗（美国因"无代表不纳税"而脱离英国的情况除外），这些税额的缴纳都是自愿完成的。事实上，直到今天，当个人被允许评估自己的税额，在（极其简单的）纳税表格中填写自己的收入和支出时，仍然展现出这种自愿、信任和信心。他们被期望，而且总的说来，诚实且及时地做到这一点。这是相当惊人的，因为逃税和避税在全世界都很普遍，包括在英国非常富有的人。

总而言之，他们这样做的原因之一是认为税收是公平的，拥有最多的人支付的也最多。另一个原因是人们可以看到，大部分的税收通过有用的服务——道路建设、医疗、教育和国防——返还给了他们和其他公民。在历史上，世界上大部分地区的税收从人们身上榨取，又极少用回在人们身上，而是用于那些铺张浪费的生活方式、官僚体制，以及专制统治者和世袭贵族庞大的军队。

如果你在英国生活和工作，不要试图逃避你纳税的义务。这是生活在福利国家的义务、甚至是特权之一，而且就像许多事情一样，你在水上撒下的东西会回到你的其他人身上。

茶与糖
Tea and Sugar

有人说，英国人的血管里流淌的不是血，而是茶。的确，茶从过去到现在都在英国人的生活中具有重要的地位。"一杯好茶"可以解决个人或国家的大部分突发事件。当然，这同样适用于大得多的中国或日本，以及今天的许多国家。茶在各个方面都与英国人有着特殊的联系。

首先是饮茶的方式。起初，17世纪从中国引进时的茶就像啤酒一样，是装在桶里冷饮的。后来由于英国有着大规模的乳品（牛奶）产业，而且从西印度群岛进口的糖越来越多，从中国进口的红茶增多，红茶是加入奶和糖热饮的。这导致了英国饮食模式的巨大文化改变——丰盛的英式早餐后，晚餐在晚间进行，中间以下午茶作为一顿简餐。

成为茶道大师的女性的地位在这一过程中得以提升。过去女性经常是在小酒馆和酒吧里经营麦芽酒或啤酒，但中产阶级的女性在家庭中成为茶会的中心后，便不再分发啤酒。茶叶贸易为东印度公司提供了巨大的财富，使其成了大英帝国的支柱。

茶对英国人的健康也有着深远的影响，因为茶中含有强大的抗菌物质，可以扼杀大多数由水传播的疾病。茶还可以集中精力，提神醒脑，因此对于创造了世界上第一次工业革命的矿工和工厂工人来说，他们的成就少不了茶的功劳。

因此，茶与糖实实在在帮助英国实现了新的生产模式（工业主义）和新的世界帝国的突破。茶在方方面面都是一种神奇的植物，为什么英国人如此热衷于茶而欧洲大陆的人却没有，至今仍是一个谜。

时间
Time

英国人是真正的"时间领主"（Time Lord）。不仅是说他们创造了伟大的时间领主——神秘博士（Dr. who），还因为他们站在了现代时间机器发明的最前沿，而且至今统治着世界时间。

时间革命的基础是通过擒纵装置实现时间测量的机械化，从而用机械时间取代自然或者说有机时间（太阳、水、沙子）。理查德·沃林福德（Richard of Wallingford）1336年在英国圣奥尔本斯发明了最早、最复杂的机械计时装置之一。随后英国人迅速推动了计时装置的发展，从开始的时钟到后来的手表，成为这一领域顶级的匠人。

英国人还通过帝国的扩张发展了时间的规则，因为帝国需要精准的、世界范围的标准时间。因此，他们建立了格林尼治标准时间，即GMT。

很难说是英国人对节省、计算和花费时间的资本主义的痴迷导致了上述种种，还是上述情况影响了他们对时间的痴迷。但效果却是毋庸置疑的。在英国，时间就是金钱，守时是一种美德。"英国人并不贪财，却对时间极为贪婪。英国人对约定的守时精确得让人赞叹。他们拿出手表，与朋友的手表互相校对，严格遵守约定的时间和地点。"来自其他文化、习惯于世界上大部分地区弹性时间的人要记得，在所有活动中，"准时"是非常重要的。

人们还应当意识到，那种普遍存在的通过别人的等待来突显自己的优越的做法，比如在尼泊尔称为"chakari"，不适用于英国。无故的等待会让人变得焦躁不安，所以不要像在世界上许多地方那样，故意让别人在附近到处找你，只为了强调你的优越感。

信任
Trust

　　许多来到英国的外国人都会被公众表现出的信任和诚实所打动。在很多城市，报纸就放在街上，旁边是用来付款的"诚信箱"（honesty box）。人们真的会把钱放进去，而且这些箱子也很少被偷。外国朋友看到我们村子里的小园地十分惊讶，田地四周没有篱笆，围绕着人们走来走去的小路。他们说在他们国家，这些蔬菜很快就会被拿走。同样地，村里的人们用一只小铁桶收集出售水果、蔬菜、鸡蛋和书籍。这又让我们的朋友大吃一惊。

　　这一切都关乎信任，信任意味着个人要为人们都会履行义务、完成明示或暗示的承诺、举止得当且体面而承担风险，即使没有什么强制机制。它是一种非常多变的品质，现代生活的许多方面都依赖它。

　　在许多社会中，信任只限于家庭、亲近的邻居，或是同一社会阶层的范围内。所有这些人可以在一定程度上被信任是因为你非常了解他们，而且如果他们打破了信任，其他长期的压力会通过人际关系施加在他们身上。除了这些面对面的、了解的、有接触的人以外，信任几乎不存在。你不能相信陌生人、来自其他村庄或种族的人，必须要时刻保持警惕。

如上所述，几个世纪以来英国人的一个显著特点，就是高度的信任和诚信。这不仅适用于书面合同，还包括口头承诺和同意，正如一句英国谚语所说，"一个英国人说的话就是他的契约"（An Englishman's word is his bond）。在经济或其他贸易中，你可以很大程度上信任你的合作伙伴。在英国，人们信任非亲属、非邻居，甚至非共同信仰者。正如莱因在19世纪初所观察到的那样，"在所有日常贸易事务中，甚至是最大程度上，互相依赖而非互不信任是基本规则；日常生活中的交易事宜更多的是依靠双方的诚信、承诺和习俗，而不是法律契约和书面合同的履行"。

这在一定程度上影响了在英国的非英国人。虽然偶尔也有例外，但有这样一种常识，来到英国的人是可以信任陌生人和只见过一次面的人的，这在世界各地直到今天都并不寻常。

真相
Truth

有一件事基本上你可以相信英国人，那就是真相。如果你在法庭上询问一个宣誓过的人，或是在正常的交易中让对方告诉你真相，人们都会如你所愿。这又是一件不能视为理所当然的事，英国人到世界上其他地方就会发现其中的差异。尽管英国的商人和传教士都提到了他们在别国的伙伴是多么的真诚和值得信赖，但他们也发现人们告诉你的并非事实，而是一种能够被社会接受的"真相"。

换言之，如果我们像大多数语言一样，区分客观意义上的真相和讲话的人认为最能取悦听者、最能表达他们社会关系的真相，那么大多数社会中的真相其实是社会化的真相。

一个熟悉的例子是有一个迷路的英国人，问一条路是否能把他带到某个城镇。印度人或爱尔兰人说是的。然后英国人指了指另一条路，当地人也回答是的。诚然，正如俗话所说，条条大路通罗马，两者都是对的。然而英国人发现，就像殖民地情况所报道的那样，他们得到的答案往往是权力关系、家庭关系等的折射。

期望一个人可以像在法庭上那样，即使会伤害到亲近的家人也要说出"真相，全部是且仅仅是真相"，这样的想法让很多受英国统治的群体感到惊讶。认为"真相"只有一个且会被所有人看到，对于许多人来说十分可笑。这种关于真理的相对性的观点不是今天所谓"后真理"世界的产物。

在这个后现代和相对主义的世界中，人们普遍对忠实的实证主义和经验主义者眼中的终极真理持怀疑态度。我们知道，即使是在量子物理学的最深层次上，真理，就像时间和空间一样，也是相对的。

U

轻描淡写
Understatement and Modesty

当我在剑桥大学与人们谈论起他们的生活时，我常常为人们对自己成就的轻描淡写感到惊讶。你去问一个人喜欢什么运动，对方说有时会踢踢球或打打棒球，然后却发现他是国际运动员。"你数学怎么样?"，对方回答"还不错"，后来才发现这人是获得过菲尔兹奖的理论数学教授，相当于数学界的诺贝尔奖。

事实上，回顾我的学校教育，我发现是我们的教育体制打消了任何自吹自擂——所谓"炫耀"的念头。我们要谦逊、谨慎，不能过分谦虚变得卑躬屈膝，但应轻描淡写而非言过其实。因此，如果提问者真的感兴趣，就可以引出我们真正价值的更多细节。我们言谈举止的各个方面，都在一种普遍的谦逊和谨慎之下。

再次强调这其中有很多原因。清教主义总是提倡谦逊、朴素、放低自己的位置。因此，英国人认为人们不会因为自夸而提高对你的看法。

所有这些都与许多国家的情况大不相同，在其他国家，人们通过自吹自擂来维护自己的地位和尊严。在肯尼斯·格雷厄姆（Kenneth Grahame）的《柳林风声》（*The Wind in the Willows*）中，英国人喜欢谦逊的"老鼠"，而不是吹牛的"蛤蟆"。所以请记得，谦逊、虚心、低调，再加上些许自嘲，才会在英国受到欢迎。

联合王国
United Kingdom

有一件事让来到英国的人感到惊讶，那就是在他们的预期中会有一个、统一的国家，但这里看上去却是四个"小国"，英格兰、苏格兰、威尔士和北爱尔兰。它们有互不相同的议会、一定程度上互不相同的法律、不同的神话传说和各自独特的口音。他们是如何在这么小的范围内共存的呢？

最近，与欧洲大陆国家面临分裂运动时的严重冲突相比，准备举行苏格兰独立公投的英国人让局外人大为不解。

与英国一样，欧盟从根本上也是一个自愿性的、契约性的联盟。它或许是通过武力、军事或经济手段建立起来的，但现在它就像英联邦一样是你所属的一个俱乐部。和所有俱乐部一样，它也有规则和福利，有会员费以及对会员行为的限制。同样地，成员可以自由地决定去留。这可能也有点像英国的家庭，孩子们一旦长大成人，就可以随时自由地离开，带走他们所有的财产。

使英国团结在一起的是一些共同的历史、王室、货币、国防、一部分法律和政治团体的联结。然而，他们是某种组成部分，而不是一个有机体。他们并不像是腿、手臂或是脑袋，少了哪个身体就无法生存。他们就如同一个大花园的各个部分，分开也可作其他用途。因此，他们并不被其他国家那种强烈的情感联结在一起。

大学
Universities

全世界各地都有大学，然而其中两所却有些奇怪和费解，那就是英国的牛津大学和剑桥大学。我第一次意识到这种费解是有一位世界领先的社会学家和教育专家，这位法国学者想请朋友写一篇文章，向他和他的同事说明剑桥大学的情况。他说他们对剑桥大学，尤其是其学院体系感到困惑。

牛津大学和剑桥大学的学院非常独特。这种让学生们生活在一个火花四溅的、边界分明的学者社区里的组织形式，一起吃饭、睡觉、玩耍、学习并感受历史的熏陶，一度在欧洲广泛流行。牛津大学和剑桥大学最早就起源于巴黎模式。然而随着时间的推移，很大程度上，包括苏格兰在内，学院制在各地都已消亡。即使是对于剑桥学者创办的美国大学，这也只是一种非常淡化的形式。

牛津大学和剑桥大学用大学与学院的双重体制让人们拥有了双重的归属感，也因此赋予了大学自由与活力。这造就了世界历史上最重要的两所大学，尽管他们远没有许多竞争学校那么富有，却始终以相近的名次跻身世界排名的前列。来参观这两所学校或其中的一所，了解更多他们的历史和文化，对于理解英国性的本质而言是非常值得的。

城市化
Urbanism

关于英国人更难理解的一件事就是他们对城市和农村的态度。一方面，英国人看上去和感觉上都是城市居民。正如许多经典社会学研究所描述的那样，他们的生活中充满了"都市生活作为一种生活方式"的种种迹象。几个世纪以来，他们的日记、书信、诉讼案件和文学作品都展现出对典型的城市事物的关注；时间的宝贵、转瞬即逝和一去不复返；空间的中性以及对危险和"神圣"区域不加明确划分；金钱作为普遍的价值尺度并传播至各处；写作和教育普及全部人群；与无关的陌生人的大量日常接触；服装、饮食、语言和休闲的时尚不断变化。

他们的社会熙熙攘攘，流动性很强，作为几个世纪里庞大的世界帝国的一部分，他们都是国际化的，对世界了如指掌，最偏远的地区也被城市价值观所渗透和塑造。

另一方面，他们又保留了相反的一面，那就是一种坚决的反城市化，具体表现为对农村生活的偏爱，无论是梦想着有一间长满忍冬的小茅草屋，还是在小资之家打猎或捕鱼，抑或是住在富有的大家庭庄园中，而这些庄园往往建立在奴隶制和殖民主义的基础上。

"城中村"（rus in urbe）①的景象在绿树成荫的街道、公园和小花园随处可见。"村中城"（urbs in rure）也到处都是，乡村教堂中满是成功商业人士和帝国主义者的坟墓。在

---

① 拉丁文，与欧亨利短篇小说同名。——译者注

世界上任何地方都很难理解这种截然相反的结合，但它为这个国家添加了某种活力，城镇和城市也因此增添了魅力。英国人发明的"城市花园"理念，正是对此的一种表现。

乌托邦
Utopia

所有社会和文明中的人们都梦想着一个在别处的世界。不过这通常指的是死后的世界。英国人出于某种原因对天堂不太感兴趣。我们大多数人很少花时间去想天堂的事，就算去想象也只是一个模糊的样子，那里有云朵、竖琴、天使和白胡子的人。

英国人不关心死后的天堂，而是创造了另一种形式的梦想或平行世界，这个世界（与现世）同时存在，又没有什么特别的地方，称之为"乌托邦"。它的字面意思是"无处"，或者说就像塞缪尔·巴特勒（Samuel Butler）的小说《埃瑞璜》（*Erewhon*）①中表达的那样。

---

① "nowhere"的变形。——编者注

在某种意义上，这是一个儿童乌托邦故事的成人版，当男主角或女主角从兔子洞、九又四分之三站台、衣橱或其他入口进入了一个魔法世界时，往往是对现实世界的批判。

在托马斯·莫尔（Thomas More）的《乌托邦》、斯威夫特的《格列佛游记》，或是更近一些的道格拉斯·亚当斯（Douglas Adams）的《银河系漫游指南》以及特里·普拉切特（Terry Pratchett）的《碟形世界》（*Discworld*）系列这些成人故事里，另一个世界不一定是天堂。另一个世界有另一个世界的缺点。然而，人们在那里做的事情都是不同的。例如，在巴特勒的书中，生活在那个世界的人们会对婴儿的新生或生病感到羞耻和哀悼。他们对死亡感到高兴，认为犯罪是一种令人同情的疾病。

英国人的乌托邦是积极的，有时很乐观，常常充满幻想的乐趣，这是我们通过展示无厘头和被忽视的偏见来改变这个世界的一种尝试。一般宗教的天堂是对现世无法改变的痛苦的弥补和回报。而乌托邦是对行动的呼唤。反之亦然，反乌托邦小说诸如《1984》、《银翼杀手》（*Blade Runner*），或是E. M. 福斯特（E. M. Forster）精彩的短篇《大机器停止》（*The Machine Stops*），都是以一种不同但同样积极的方式对我们这个世界的批判。

V

暴力

Violence

所有社会都有其特殊形式的暴力，特别是当我们将这个词的含义扩大到不仅包括人身暴力，还包括象征性的暴力，比如语言、手势，甚至是建筑或礼节上的暴力。在这种更宽泛的意义上，暴力意味着任何使用力量攻击和打压他人的行为或交流。

英国人一直以来是最关注人身暴力的，这又是一件费解的事情。一方面，（英国的）法律非常关注防止任何形式的直接人身暴力，每个人都能拿起法律来保护自己。而且让人惊讶的是，人们在自己家中袭击窃贼是会被起诉的。绝不能无故向他人施暴。

另一方面，过去对犯罪的惩罚却是暴力的，从陆军和海军军队到寄宿学校的许多机构都有公开绞刑、笞刑和殴打。公众对动物的暴力也很普遍，比如广泛的打猎、斗鸡和逗熊游戏，更不用说被吃掉的大量动物。

至于象征性暴力，英国人则几乎没有意识到这件事。某些宏伟的建筑、傲慢的言论和某些阶级的行为会打压它所针对的人。从某种角度来看，整个大英帝国都是一次"成功的尝试"，使用象征性暴力，以最低的消耗和物质压力征服了世界大片地区。

在某种程度上，英国人可能是近代历史上最不暴力、也是最暴力的民族，而他们已将其在这方面的技能传授给了美国人。

W

天气
Weather

你与陌生人打招呼或互动的方式，甚至是与朋友随意见面的方式都是因人而异的，寒暄的用语也具有指示性。当我在尼泊尔工作时，非常惊讶地发现分别是"你吃饭了吗"或"你要去哪"。因为在一个小小的村庄里，我几乎总是知道这两个问题的答案，而问题的意义是什么，回答的分寸一般又在哪里？

最常见的英国开场白，通常是一句评论而不是一个问题，"真是一个可爱（可怕、寒冷、炎热）的日子啊，不是吗?"这让很多外国人感到奇怪。是天气的不断变化让英国人这么长时间以来如此痴迷于这个话题吗？早在18世纪中期，约翰逊博士就指出，"当两个英国人见面时，他们的第一个话题是天气"。

如果不加解释的话，这种问候的一部分作用在于天气是中性而非私人话题。我们都经历着同样的天气。没有哪个政党、社会阶级或家族是特殊的。天气属于我们所有人。对它进行评论并不会公开表明我们的拥护或观点。这是一种相对随意而非承诺地肯定人际共同点的方式。这就是为什么回答要尽可能地复制问题。如果有人说"可爱吗"，你回答"不，今天很糟糕"，这是粗鲁和挑衅的行为。

常见的问候"你好吗？"及其变体"你过得怎么样"，"你还好吧，伙计"都只能视为致意而不是问题。你可以回答，"我很好"或"还不错"。但不要期望对方会关心你真实的身心状态。如果你真的聊起自己最近的遭遇，对方可能会尴尬或者惊讶，而你可以回复"你好吗"作为回答，同样不要指望得到答案。

你打招呼的方式（口音、措辞、一句话的重音）、回复中包含所有这些内容的方式以及接下来关于天气一些漫无目的的交谈，将很快建立起对说话人的了解。这将有助于你加深对话甚至是这段关系，或者在发现对方某种程度上不是你想进一步了解的人的时候礼貌地离开。它还会告诉你，你的朋友或邻居是否还可以，或者需要进一步的关心。谈论天气是一门艺术。就像英国人的握手一样，它既能让你接近一个人，又能让你保持安全的距离。

女性
Women

我年轻的外国朋友，特别是女性朋友，告诉我英国人最打动他们的地方之一就是女性的自由和自信。即使是与在他们国家受过良好教育、有竞争能力的现代女性相比，这一点似乎仍然存在着差异。

在过去很长一段时间里，这种差异更是巨大的。欧洲有一句谚语，"英格兰是女人的天堂"（也是"马的地狱"）就证明了这一点。在经济、法律、宗教上以及在教育方面，与其在很多文明中的地位相比，英国的女性表现出坚强、受到尊重和独立。

一个英国的女性可以拥有财产（特别是在婚前和丧偶时），在法庭上起诉自己的丈夫、把钱留给她喜欢的人。

当然，女性的地位在历史上出现过波动。在中世纪的英国，女性的地位似乎很高。14世纪乔叟的《坎特伯雷故事集》

中可以读到顽强独立的英国女性。直到18世纪末和19世纪初，女性一直拥有很高的地位，当时的很多妇女都受过良好的教育且手握政治权力。此后几代人的时间里却有所下降，直到第一次世界大战和全民投票权之后她们的地位才再次得到提高。

其明显独立和更高地位的原因与先前叙述过的所有方面有关。例如，英国的普通法系与罗马法不同，是不承认父权，即男性对家庭，尤其是妇女和儿童的支配权的。在性别偏见的言论或者说观点上，英国人也与别人不同。

X

世外桃源
Xanadu and Gardens

首字母为"X"的单词很难找到，不过柯勒律治的一首浪漫主义诗歌的题目正是其中之一，诗中影射了传说中的中国皇帝的花园。

> 忽必烈汗在上都曾经
> 下令造一座堂皇的安乐殿堂：

这地方有圣河亚佛流奔，

穿过深不可测的洞门，

直流入不见阳光的海洋。

有方圆五英里肥沃的土壤，

四周给围上楼塔和城墙：

那里有花园，蜿蜒的溪河在其间闪耀，

园里树枝上鲜花盛开，一片芬芳；

这里有森林，跟山峦同样古老，

围住了洒满阳光的一块块青青草场。[①]

　　这首诗总是让我想起美好的18世纪和19世纪英国的乡村庄园、公园和花园，常常效仿的是来自中国的风格。

　　这首诗还提醒我们英国人和中国人一样热爱园林，从规模宏伟的布莱尼姆宫或斯托庄园，或是牛津大学和剑桥大学的一些学院，到许多村庄的村舍小花园。还有可以追溯到盎格鲁-撒克逊时代（可租用的）小块菜园地（allotment），从19世纪开始普及。从那时起种菜就成了一种广泛的爱好，虽然市场上就有种类丰富且价格低廉的蔬菜。

　　英国人发现，花园唤起了他们实践的活力、与自然联结

---

① 屠岸译，选自《忽必烈汗》。——译者注

的渴望、让所有感官重获新生的感觉、主观能动性的奇妙释放和表达。英国人一直都是狂热的园林爱好者，他们派出植物猎人去搜寻全世界的珍奇，然后对这些植物品种进行分类和保护。

然而正如本书先前对英国人审美的评价，这些花园也是古怪的。英国人拥有庄严、古典或中式风格的花园。但他们又喜欢将对称与野蛮、混乱杂糅起来，他们的庭院是半驯服、半自然的。他们觉得许多欧洲园林的规整风格令人压抑和沉闷，缺少出其不意或耳目一新的东西。只有在一片幽深的、可能未经修饰的树丛，或是部分的花园里，他们才能找到英国诗人安德鲁·马维尔（Andrew Marvell）所说的"化为绿色的遐想融进绿荫"①。

是和否
Yes and No

如何礼貌地说"不"是人际交往中的一个重要问题。特

---

① 原句为"a green thought in a green shade"，摘自《花园》（*The Garden*）。

别是当你相对软弱、贫穷和弱势的时候，被要求做某件事，或针对某事发表不好的看法、反对某种立场，你会怎么说？大多数人经常会面对这种情况，这可能会导致尴尬、被迫撒谎，或者对对方感到愤怒。

日本人在他们高度融合的社会中，不厌其烦地避免冒犯或不礼貌的情况，已经发展出一种处理这一问题的绝妙方法。那就是使用同一个词"はい"，表达是和否两种意思。对于"はい"的解释取决于那个提问或陈述的人。它既不是赞同、应允、服从，也不是相反。

英国人的办法和日本的相似，但没有那么极端，外国人需要理解才能明白，那就是使用"是的……但是……"。首先当一个建议或问题被提出时，你就像武术中的以退为守接下这一招，回答"是的"。对方的自尊得到了满足。几秒钟后，你再说"但是"来表达相反的观点。

"你喜欢这场王室婚礼吗？""是的，婚礼无与伦比，但是我认为这是一种巨大的金钱上的浪费，而且有很多我不喜欢的对方。"措辞和表达方式有无数种。你既需要使用这种技巧，又得在别人对你使用的时候识破它。相反的表达也很有必要学习——"不……但是……"也是很有用的谈判技巧。

老与少
Young and Old

　　来自欧洲大陆的人来到英国时，经常会注意到与他们自己国家的孩子相比，英国的孩子显得那么成熟和懂事。英国的孩子好像成长得更快，刚到十几岁时就已经是半个大人，能够照顾他们自己，加入成人的对话，在很大程度上离开父母开始独立。

　　这似乎确实是英国人和盎格鲁文化的一个特点，并使他们与众不同。父母和学校都鼓励自信、独立和成熟。按照英国的传统，即使是很小的孩子也可以拥有私人财产、签订合同，甚至是在十几岁时结婚或上大学。少年被送到寄宿学校，在那里他们必须学会照顾自己。

　　矛盾的是，人们同样惊讶地观察到，英国的很多老人却相当的孩子气。在聚会或庆祝活动，或是和他们的孙子孙女在一起时，老人们会忽然又变成了孩子。他们兴高采烈地投身于幼稚的游戏和比赛中，而这些在许多国家是有损长者尊严的。恰佩克（Capek）曾指出英国人"带着最严肃冷酷的表情，像孩子一样享受着生活；他们有太多根深蒂固的礼节，但同时又像小孩子似的无拘无束"。这与对运动的热爱密不可分；"运动让孩子成长为男人，又让男人一直是孩子"。

少年人成熟而老年人幼稚的原因正如书中一直在论述的，关系到社会模式的方方面面。其影响则分布在整个英国社会，从《傻瓜秀》和喜剧团体蒙提·派森的滑稽幽默，到大量精彩的儿童故事，从《爱丽斯梦游仙境》到《哈利·波特》，都在邀请我们一起，让大人通过想象力回到童年世界。

Z

禅宗
Zen

禅宗是日本佛教的派别之一，主要形式来源于中国的佛教中的禅宗，以消除一切外界影响的正念禅修而闻名。通过长期的训练，当世上的一切慢慢退去时，你会处于获得一种高度存在的时刻，处于抽象的永恒之中。

英国文化中的禅有所不同。我们看到作为务实、追求金钱、资本主义、节约时间的新教徒，英国人需要一些能够让他们摆脱所有压力的东西。换句话说，他们需要并且已经获得了平静的时刻，专注于当下，远离无休止的努力和竞争。

其中一样东西就是花园，独特的国家信托基金更扶植了更大规模的国家公园。另一样是前面提到的运动和比赛。集中精力于板球、钓鱼或所有运动比赛和爱好的领域，使英国人超脱自身进入了一个平和的状态。

英国人在他们热爱的诗歌中找到禅意，而热爱本身超越了一切，也让一切变得清晰和有意义。

一些最具英国特点的宗教团体深谙此道——贵格会的沉默，启迪人心的英国大教堂都是禅的体现。因此英国人既是最忙碌、最焦虑的民族，也是最善于反思、最冷静、最有满足感的民族之一。在"禅与下午茶的艺术"中的英国人尤其如是。

一些我生活中的文化规则

在另一种文化中做到放松和自在从来不是一件容易的事，因为一些看不见的规则是不会被写下来的，而当地人却能从生活中获得训练。这一问题在某些文化中相对而言会更为严峻。尤其是在日本和英国，古老的文化伴随着一套莫名且不成文的规则，这些规则建立在强大的阶级和地域体系的基础上，常常自相矛盾，而且没有明显的理由。这使得举止得当变得非常困难。当我从印度回到英国的寄宿学校时，我就必须学会这一切，而且一直在学习。

基于前面对各种英国问题的简述，以及我自己对英国文化的生活体验，让我来简单地记录一些我认为我所学到的东西。这些事可以说是规矩和礼貌，但又不止于此。当然这是非常个人化的经验。我自己努力以此为目标，而其他人可能会有不同的看法。这些规则和界限往往是模糊的，并且在不断变化。英国日益多元的民族融合以及技术和通信的快速变化都使得规则的确定更加困难。

如果你想要测试这些建议，一定要记得它们是非常个人的，可能并不适用于所有的情况，甚至有些守旧和中产阶级了。不过它们也许会是一个有趣的清单，无论是与你来自相同文化还是长期生活在英国的朋友，都可以一起讨论。他们也许会支持，也许会反对这些观点。英国人是独立的、个人主义的，他们很少在任何事情上达到长期的一致。如果他们对清单中的某些内容做出负面的反应，不要因此沮丧。每个人做自己的选择就好。

说到底，这种个人主义的文化是一种保护。就算你越了界，人们也只会认为你是个古怪的人，而古怪通常是褒义词。或者他们可能会很高兴你证实了他们的看法，即外国人的文明不如他们的文明。

如果你真的冒犯了他人，即时的道歉一般都会被接受，然后讨论一下错误的原因就会恍然大悟。一位英国人的疾言厉色通常比出手伤人更为糟糕。没有恶意的误解或犯错都很自然。你的文化能力就像你的语言技能一样是可以快速提高的，很快你就能在保持自己身份安全的同时在英国文化中如鱼得水了。祝各位读者好运！

下面这些规则是我在英国生活时自己也会尽量遵守的，即使还是会常常出错。

交谈准则

尽量不要过多地谈论自己，除非是被特别要求这样做。

对于正在交谈的人，尽量表现出对其工作和生活的兴趣。

在足够了解一个人之前，尽量避免讨论政治、宗教、性别等有争议的话题。

多说无益，少说为佳。比如，如果有人问我是否写作，我会说是的，我从事写作，但不会谈到大量我的书的细节。

当有人对我的话做出判断时，尽量避免直接否定，而是使用"是的……但是……"表明自己持不同意见。如果别人说的是"天气真好"或"你好吗"等其他传统的问候语，用同样的方式回答，"是的，真是美好的一天"，"你好吗?"

尽量不去赞美自己或自己的事情，让对方表达自我。

行为规范

除非另有证明，我相信自己遇到的人都是值得信赖的。

如果有人向我表示善意（邀请我吃饭等），我会在之后送出一张明信片或发电子邮件表示感谢。

　　如果我觉得送一份礼物比较好，我会尽量选择平价、象征性的礼物，不会给对方带来回礼的压力。

　　礼物最好是在别人帮了忙之后作为感谢，而不是用于暗示贿赂。

　　如果我有事情感到困惑或不明白，或是想和人交谈，我会毫不犹豫地走近并与人攀谈。我发现大多数人会认为你知道的比实际要多，但被问到时仍然乐意帮忙。

　　我会小心翼翼、一步一步地建立起友谊。我始终明白英国人的友谊建立在事物、共同的兴趣和活动上。

　　我在排队的时候绝不会试图插队，除非真的有紧急情况，我会大声解释自己要排到前面的原因。

　　除非事出紧急，未经父母或监护人的同意，我绝不会触摸别人的孩子。

　　在所有地方我都尽可能及时全额缴纳税款。

　　我相信警察，即使是我认识或喜欢的人有犯罪行为，我也会向警方检举。

　　我不会以物易物，向卖家砍价。只有在露天市场或二手店里我会考虑砍价。

　　我尽量不在任何地方丢弃不可降解垃圾，无论是在街上还是从车窗抛物，在我自己的村子里我会尽量捡起垃圾并处理掉。

用餐时我尽量不会取或接受过多的食物或酒，因为我不想浪费任何东西。如果还饿的话我不会犹豫索要更多，但也不会自便。索要更多的食物是对主人或厨师的一种赞美。

如果有人向我提供我不想要的食物或饮料，我会礼貌地解释自己不吃或不喝的宗教、社会或其他原因。这样的解释让人不会感到冒犯。

和使用我不熟悉的餐具或杯具的人一起用餐时，我会仔细观察别人是如何使用这些餐具、杯具的，然后跟着他们做。

与人约会时我尽量不要迟到。总的来说（迟到）五分钟还可以接受，十分钟就是个问题了，超过十分钟的话需要一个合理的理由。

尽量以礼貌和尊重对待我遇到的每个人。这包括比我年轻得多的人、年长的人、异性、穷人、任何种族的人以及为我提供服务的人（行李员、佣人、服务生、司机）。

我尽量用请求而不是命令别人做事。这适用于所有人，包括对朋友和家人，说话以"请"开头，以"谢谢"结尾。

我知道很多地方都是私人的，即使那里没有写着"私人财产"的标志，所以我会尽量在进入这些地方之前加以确认。

我的一生中从未携带武器，除了军训和孩提时的玩耍。

　　当我被提出问题或做出观察时，我尽量实话实说。如果真相确实会带来麻烦和痛苦，我也尽量不会直接撒谎，而是有时"节约"地说出部分真相，但不是全部。

　　如果可以避免，我绝不对人类或其他动物使用武力。我过去经常钓鱼，但发觉即使是垂钓也不太愉快。

致　谢

　　最后，我要感谢莎拉·哈里森（Sarah Harrison），是她教了我如何成为一个英国人，一起分享了我在进一步探索英国生活的体验。同时，我还要感谢我的父母，唐纳德（Donald）和艾丽斯（Iris），以及我的祖父母威廉（William）和维奥莉特（Violet），是他们带我开启了英国生活。此外，马克·图灵（Mark Turin）教授深刻的见解使本书上篇成相对完整的部分，并且他对上篇反复阅读，做出了修正并提出了宝贵的建议。